Mente Em Foco

Tiago M. R. Lourenço

Este livro é dedicado à minha esposa e companheira de viagem e ao meu filho que ainda terá de crescer para o ler e compreender.

Obrigado pela paciência, perseverança, amizade e amor.

Título: A Mente Em Foco
Autor: Tiago M. R. Lourenço
Design da capa: Tiago Lourenço
ISBN: 9789403837208

Nota de Isenção de Direitos

Este livro contém referências a títulos de filmes, personagens, realizadores, atores, compositores e demais elementos associados à produção cinematográfica. Todas essas menções têm caráter exclusivamente analítico, crítico e reflexivo, no âmbito de um trabalho de ensaio pessoal, cultural e académico.

Nos termos da legislação portuguesa e internacional de direitos de autor, tais utilizações enquadram-se nas exceções legalmente previstas para fins de citação, crítica, comentário e estudo, não implicando qualquer apropriação, exploração comercial direta ou violação de direitos de terceiros. Todos os direitos sobre os filmes, imagens, músicas, guiões e marcas registadas pertencem aos respetivos detentores. O presente livro não pretende substituir, reproduzir ou comercializar essas obras, mas apenas oferecer um contributo crítico e interpretativo que se insere no direito de liberdade de expressão cultural e científica.

No desenvolvimento deste manuscrito foi usada a inteligência artificial como apoio técnico na organização e revisão de textos. O seu contributo foi instrumental e um auxílio na obtenção da forma. As interpretações, leituras simbólicas e referências psicológicas mantêm-se inteiramente humanas, nascidas da experiência pessoal e clínica que sustenta este livro.

Índice

Como ler este livro

Este livro resulta de um trabalho continuado de análise de filmes da minha coleção física, organizado em sete capítulos temáticos. A estrutura foi pensada para que cada leitura seja, ao mesmo tempo, independente e integrada no conjunto da obra.

As análises que aqui encontrará não seguem um formato académico rígido, mas sim um estilo narrativo e interpretativo que privilegia a leitura simbólica, a psicologia das personagens e o impacto emocional das narrativas. Sempre que se justifica, são integradas referências a correntes da Psicologia, Filosofia ou áreas afins. Estas referências surgem de forma subtil e contextualizada, inseridas diretamente no corpo do texto.

No final de cada análise, e fora do corpo principal do texto, é apresentada uma Ficha Técnica. Esta inclui título original, ano, realizador, principais atores, compositor da banda sonora, género e duração.

Este formato foi escolhido para equilibrar profundidade e acessibilidade: o leitor pode simplesmente acompanhar a narrativa e interpretação de cada filme ou, se desejar, explorar as referências indicadas para aprofundar o enquadramento teórico. Assim, cada texto é, ao mesmo tempo, um exercício de crítica pessoal, um convite à reflexão e uma ponte para múltiplos territórios do pensamento.

Introdução

Entre as muitas prateleiras da minha casa, há uma que resiste ao tempo: a dos meus DVDs e Blu-rays. Não é apenas uma coleção. É um arquivo vivo de memórias, afetos e inquietações. Cada capa guarda não só um filme, mas também o lugar exato em que o vi, a fase da vida em que me encontrava, as perguntas que me suscitou.

Este livro nasce desse encontro entre cinema e vida. Mas nasce também do meu percurso enquanto psicólogo, de um olhar treinado para compreender as narrativas humanas, os conflitos emocionais e as feridas invisíveis que marcam cada personagem. O cinema, nesse sentido, nunca foi para mim apenas arte ou entretenimento: é um território fértil para observar os dilemas da identidade, do luto, da alienação, da violência ou da transcendência.

Ao longo destas páginas, integro referências que vêm da psicologia, da psicanálise, da psiquiatria e da filosofia — sempre de forma subtil, sem transformar o texto num ensaio académico. São ecos de leituras que moldaram a minha forma de pensar: Freud, Jung, Piaget, Winnicott, Maslow, Pio Abreu, entre tantos outros. Eles aparecem aqui não como citações rígidas, mas como fios de pensamento que dialogam com as imagens em movimento.

Os capítulos estão organizados por temas — identidade, luto, mundos alternativos, juventude, encontros intimos, crítica social e transcendência. Essa estrutura é apenas um mapa: cada análise é, na verdade, uma tentativa de escutar o que o cinema deixa ressoar no invisível, de captar como uma história ficcional pode iluminar experiências muito reais.

Não se trata de uma lista de favoritos, nem de um catálogo completo. São, simplesmente, os filmes que ficaram. Os que se agarraram à minha experiência, à minha prática clínica e ao meu olhar pessoal, e me obrigaram a escrever. Talvez porque, no fundo, todos procuramos sentido nas histórias dos outros, para melhor compreender a nossa própria.

Tiago Lourenço

Capítulo 1: Identidade Fragmentada, Consciência Partilhada

Há filmes que não se limitam a contar uma história — mergulham diretamente nas falhas da consciência, nos espaços onde a realidade se dobra, se desfaz ou se multiplica. Este capítulo reúne obras que habitam precisamente esse território: onde a identidade se fragmenta, onde o eu deixa de ser uma estrutura sólida e se transforma num campo de conflito interno.

São personagens à deriva entre versões contraditórias de si mesmas, figuras que se reinventam ou se desmoronam ao confrontar o que está recalcado, escondido, indizível. A linha entre o que é real e o que é projeção é aqui constantemente posta em causa — não como jogo narrativo, mas como sintoma de uma luta mais funda: a de manter alguma coesão quando tudo ameaça romper-se por dentro.

Estas histórias não oferecem respostas. Abrem, sim, espaços de dúvida. E é nesse abismo que o espectador é convidado a entrar — sem garantias, sem mapas. Porque às vezes é preciso perder-se para que outra parte de nós possa, enfim, emergir.

Adam Renascido

Poucos filmes exploram a sobrevivência como condenação com a ferocidade serena de Adam Renascido. Quando volto a ver este DVD o desconforto mantém-se como se fosse a primeira vez: Adam Stein (Jeff Goldblum) sobreviveu ao Holocausto não por epifania, mas por um pacto perverso de humilhação e resistência; anos depois, num hospital psiquiátrico em Israel, tenta habitar o que resta de si — e dar forma ao que não tem linguagem.

A leitura existencial é inevitável: o filme desenha a procura de um "porquê" que sustente o "como" de continuar (Frankl, 2019). Em Adam, o sentido não vem como iluminação moral; chega fendido, irónico, por vezes cruel — mas chega. Ele move-se entre a raiva e a compaixão como quem testa a própria capacidade de permanecer vivo, ensaiando um lugar onde a memória deixa de ser só ferida e passa a ser matéria de trabalho (Frankl, 2019).

Clinicamente, a figura de Adam condensa um quadro de stress pós-traumático crónico: revivescências intrusivas, evitamento, anestesia afetiva, hipervigilância e alterações negativas persistentes na cognição e no humor (APA, 2023).

Schrader recusa o caminho fácil da "cura" cinematográfica; filma antes o vaivém entre colapso e reinscrição, deixando claro que a estabilização é um processo irregular, intermitente, por vezes indigno — mas real (APA, 2023).

O enquadramento histórico-clínico de Kraepelin ilumina outros contornos: a forma como sofrimento psíquico severo e estratégias de adaptação se entrelaçam, produzindo identidades que funcionam "à trancos", por compromissos frágeis com a realidade partilhada (Kraepelin, 2022). A relação de Adam com o jovem paciente que se comporta como um cão não é excentricidade gratuita; é espelho e metáfora — o reconhecimento de um passado em que a dignidade foi desfeita e, ainda assim, a vida insistiu em permanecer. Ao tentar libertar o rapaz do seu "papel animal", Adam treina, em si, a renúncia ao cativeiro interno (Kraepelin, 2022).

A música de Gabriel Yared opera como contracanto ético. Cordas que respiram, harmonias que se abrem e retraem, uma melancolia que nunca empurra a lágrima: a banda sonora desenha um espaço de suspensão onde a dor pode ser observada sem ser estetizada. Em momentos-chave, o motivo principal aproxima-se de um lamento contido, quase um kaddish íntimo, devolvendo humanidade aos silêncios que a linguagem não alcança.

Adam Renascido não propõe absolvição. Propõe um trabalho: o de sustentar a vida quando a vida se tornou quase insuportável. Descobrir — não inventar — um sentido possível, mesmo que fragmentário, mesmo que tardio

(Frankl, 2019). É menos um filme sobre o passado do que sobre a ética de continuar.

Ficha Técnica:
Título original: Adam Resurrected
Ano: 2008
Realizador: Paul Schrader
Principais atores: Jeff Goldblum, Willem Dafoe, Derek Jacobi
Compositor da banda sonora: Gabriel Yared
Género: Drama psicológico, trauma de guerra
Duração: 106 min

Referências:
APA – American Psychiatric Association. (2023). DSM-5-TR: Manual de Diagnóstico e Estatístico das Perturbações Mentais (5.ª ed. rev.). Lisboa: Climepsi Editores.
Frankl, V. E. (2019). O Homem em Busca de um Sentido. Lisboa: Paulus Editora.
Kraepelin, E. (2022). Lições Clínicas – Vol. IV. Lisboa: Climepsi Editores.

A Origem

Entre os discos que repousam na minha prateleira, A Origem, de Christopher Nolan, impõe-se como um dos filmes mais desafiantes que possuo.

Uma narrativa densa, estruturada em camadas concêntricas, onde o tempo colapsa, a memória se dobra e a realidade deixa de ser um ponto fixo. Tudo gira em torno de um luto não resolvido, de uma culpa que se repete como um eco dentro de sonhos cada vez mais profundos.

Dominic Cobb (Leonardo DiCaprio) é um extrator — um especialista em infiltrar-se nos sonhos alheios para manipular ou roubar ideias. No entanto, A Origem não é um filme sobre espionagem mental. É, acima de tudo, um filme sobre perda — e sobre a resistência inconsciente a deixá-la ir. Mal (Marion Cotillard), a esposa falecida de Cobb, reaparece como projeção mental — não como uma personagem viva, mas como uma presença psíquica cristalizada, profundamente enraizada no trauma e na culpa.

Ao invés de uma leitura psicanalítica clássica, como Freud propôs para o inconsciente reprimido (Freud, 2019), este caso pede um olhar mais próximo de Donald Winnicott. Mal funciona como um "objeto subjetivo" que Cobb não consegue devolver ao mundo externo (Winnicott, 2005). É uma ilusão internalizada, mantida como forma de defesa contra a devastação do luto real. A projeção torna-se patológica — uma presença que o impede de acordar.

A estrutura do filme — sonhos dentro de sonhos — desenha uma descida simbólica ao inconsciente, numa construção narrativa que ecoa Jerome Bruner e a ideia da identidade como narrativa pessoal (Bruner, 1997). Cada camada representa uma tentativa de reescrever a própria história, de integrar o trauma numa nova versão do eu. Mas a narrativa vacila, porque o enredo emocional não está resolvido. Cobb vive entre loops — um traço comum à dissociação.

Do ponto de vista cognitivo, o embate entre os impulsos emocionais de Cobb e a sua racionalidade estratégica sugere o modelo de Daniel Kahneman: a mente rápida, intuitiva e emocional colide com a mente lenta, lógica e refletida (Kahneman, 2012). Nos sonhos — onde o tempo se acelera — as decisões são cada vez menos conscientes. É nessa aceleração que os erros se repetem.

A banda sonora de Hans Zimmer é mais do que um pano de fundo. O uso da canção de Edith Piaf, dilatada até à abstração, não só estrutura o tempo dos sonhos como evoca o desespero nostálgico de um passado idealizado. Zimmer constrói uma camada sonora que não comenta — ressoa. Amplifica o que se sente antes de se compreender.

Do ponto de vista psicopatológico, Cobb apresenta um quadro de luto congelado com traços dissociativos. Vive numa simulação emocional contínua, evitando confrontar a perda. A projeção da esposa funciona como mecanismo de evitação extrema. O trauma repete-se porque não foi simbolizado — apenas encenado.

O desfecho deixa-nos suspensos com o pião a girar. A resposta não é o ponto — a dúvida é o convite. Há algo de estoico nessa suspensão. Marco Aurélio talvez diria: se não controlas o mundo, controla a forma como o compreendes (Marco Aurélio, 2008).

Nolan fecha o círculo como se estivéssemos todos a sonhar — espectadores e personagens. Porque, no fundo, A Origem fala daquilo que carregamos quando não conseguimos dizer adeus.

Ficha Técnica:
Título original: Inception
Ano: 2010
Realização: Christopher Nolan
Principais atores: Leonardo DiCaprio, Marion Cotillard, Joseph Gordon-Levitt
Compositor: Hans Zimmer
Duração: 148 min
Género: Ficção científica / Psicológico / Thriller

Referências:
Winnicott, D. W. (2005). O brincar e a realidade. Lisboa: Gradiva.
Bruner, J. (1997). Atos de significação: Para uma psicologia cultural. Lisboa: Edições 70.
Kahneman, D. (2012). Pensar, depressa e devagar. Lisboa: Temas e Debates.
Marco Aurélio (2008). Meditações. Lisboa: Relógio D'Água.
Freud, S. (2019). Luto e Melancolia. Lisboa: Edições 70.

Cisne Negro

Poucos filmes da coleção perturbam tanto quanto o Cisne Negro. Darren Aronofsky constrói aqui um mergulho na mente de Nina Sayers (Natalie Portman), bailarina que se perde na procura obsessiva pela perfeição. É um filme que não se vê de fora: é vivido por dentro, num crescendo de tensão claustrofóbica que nos envolve até à última respiração.

O diagnóstico implícito no retrato de Nina convoca o DSM-5-TR (APA, 2023). O seu funcionamento psicológico mostra traços de perturbação dissociativa, delírios de duplicação, distorções perceptivas e ansiedade severa, agravados pela vulnerabilidade da sua identidade. A narrativa dá corpo a sintomas descritos clinicamente como próprios de um colapso psíquico em contexto de pressão extrema.

Patrick Charrier e Astrid Hirschelmann-Ambrosi, em Os Estados-Limite (2009), ajudam-nos a ler Nina como figura borderline: vive entre a idealização e a fragmentação, entre a pureza absoluta do cisne branco e a entrega destrutiva do cisne negro. O palco torna-se o lugar de encenação destas clivagens internas, que deixam de ser apenas simbólicas para se corporizarem em alucinações visuais e auditivas. A luta deixa de ser com a rival Lily (Mila Kunis) e passa a ser contra si mesma.

Michel Delbrouck, em Síndrome de Exaustão (2004), descreve o colapso do sujeito exposto a exigências contínuas, sem espaços de recuperação. O corpo de Nina é um corpo esgotado, marcado pela rigidez da disciplina, pela relação opressiva com a mãe e pela crueldade do ambiente competitivo. A exaustão não é apenas física: é o terreno fértil onde o psiquismo se desfaz, incapaz de distinguir realidade de fantasia.

Aronofsky filma este processo com violência sensorial: os espelhos que se fragmentam, os corpos que se duplicam, a pele que se rasga. Cada detalhe visual é uma metáfora da perda de unidade do eu. Mas é também uma crítica social: o ballet como metáfora do sistema que exige perfeição absoluta, mesmo que à custa da destruição de quem dança.

A banda sonora de Clint Mansell, inspirada em O Lago dos Cisnes de Tchaikovsky, é central neste percurso. As melodias clássicas surgem deformadas, alteradas, como se o próprio material musical fosse contaminado pelo delírio de Nina. O crescendo final, que acompanha a sua transformação plena em cisne negro, é simultaneamente triunfo e aniquilação: a perfeição alcançada no exato momento da queda.

Cisne Negro é, no fundo, um retrato sobre os limites da identidade, sobre a fragilidade que se esconde atrás da beleza formal. Nina não enlouquece apenas por ser frágil; enlouquece porque o mundo à sua volta a empurra para um ideal impossível. O filme não nos pergunta apenas até onde podemos ir em busca da perfeição — pergunta-nos também o que resta de nós quando a alcançamos.

Ficha Técnica:
Título original: Black Swan
Ano: 2010
Realizador: Darren Aronofsky
Principais atores: Natalie Portman, Mila Kunis, Vincent Cassel, Barbara Hershey
Compositor da banda sonora: Clint Mansell (a partir de Tchaikovsky)
Género: Drama psicológico, thriller
Duração: 108 min

Referências:

APA – American Psychiatric Association. (2023). DSM-5-TR: Manual de Diagnóstico e Estatístico das Perturbações Mentais (5.ª ed. rev.). Lisboa: Climepsi Editores.

Charrier, P., & Hirschelmann-Ambrosi, A. (2009). Os Estados-Limite. Lisboa: Climepsi Editores.

Delbrouck, M. (2004). Síndrome de Exaustão. Lisboa: Climepsi Editores.

Clube De Combate

Clube de Combate não é apenas um título marcante — é uma provocação crua, uma inquietação que se instala por baixo da superfície. É um murro direto na ordem artificial das coisas. Vivemos rodeados de objetos, coisas, DVDs, Blu-rays, estantes, carros, casas, roupas... que escolhemos para nos definir. Mas quando tudo perde sentido — emprego, consumo, imagem — algo dentro de nós começa a querer rasgar as paredes internas. O protagonista desta história vive esse colapso silencioso. Acorda de uma vida sem fraturas, e o que emerge é um impulso de destruição que vem tanto de fora como de dentro. O caos começa por ser libertador, mas depressa revela-se como mais uma prisão. Esta tensão entre identidade construída e identidade negada é uma expressão clara do self dividido — conceito abordado por Carl Rogers ao descrever a incongruência entre o eu real e o eu idealizado (Rogers, 2001).

A presença de Tyler Durden não é um encontro: é uma revelação. Uma espécie de reflexo distorcido que nos obriga a encarar aquilo que nos recusamos a ser. A raiva acumulada, o medo de não ter controlo, o impulso de renunciar a todas as normas para enfim sentir algo verdadeiro. É uma relação perigosa entre negação e desejo — entre o que se é e o que se quer esquecer que se é. Este conflito interno aproxima-se das dinâmicas dissociativas que Jung descreveu como manifestações da sombra — os aspetos negados da personalidade que, quando não reconhecidos, se manifestam de forma destrutiva (Jung, 2016). A construção de Tyler como figura autónoma é mais do que uma patologia — é um sintoma cultural.

A banda sonora dos Dust Brothers acompanha esse estado de espírito com precisão milimétrica: batidas cruas, eletrónicas, impessoais. São sons que parecem nascer de dentro de uma fábrica abandonada, numa madrugada sem fim. Contribuem para a sensação de vertigem constante — como se a realidade estivesse prestes a falhar a qualquer momento.

O filme é, também, um ritual de passagem — onde não há garantias nem salvação. A verdade no final do combate surge despida de moral, violenta e desconcertante. Clube de Combate é um espelho da alienação contemporânea, e o confronto não é com o mundo — é com o vazio que o mundo deixou dentro de nós.

Ficha Técnica:
Título original: Fight Club
Ano: 1999
Realizador: David Fincher
Principais atores: Edward Norton, Brad Pitt, Helena Bonham Carter
Compositores: The Dust Brothers
Duração: 139 min
Género: Drama psicológico, Thriller

Referências:

Jung, C. G. (2016). O homem e os seus símbolos (3.ª ed.). Dom Quixote.

Rogers, C. R. (2001). Tornar-se pessoa (4.ª ed.). Edições Moraes.

Donnie Darko

Donnie Darko é um mergulho na mente de um adolescente com uma perceção distorcida da realidade, assombrado por visões, pelo peso existencial e pela sensação de que o mundo está à beira do colapso.

Realizado por Richard Kelly em 2001, o filme cruza ficção científica com drama psicológico, mas é no retrato da perturbação mental que se revela mais inquietante.

Donnie, interpretado por Jake Gyllenhaal, oscila entre estados dissociativos, impulsos destrutivos e uma hiperconsciência que o isola dos outros. A sua relação com a família, os colegas e os terapeutas é marcada pela incomunicabilidade. Há um conflito interno constante entre a lucidez e a alienação, entre o desejo de pertencer e a necessidade de se afastar — um processo que se aproxima das dinâmicas dissociativas descritas por Pierre Janet e que mais tarde seriam desenvolvidas na psicologia da desintegração positiva (Nunes, 2016).

Frank — o coelho enigmático que o visita — pode ser lido como uma projeção do seu delírio psicótico ou como uma manifestação simbólica do seu conflito moral. Jung referia-se a estas figuras como arquétipos-sombra: entidades que personificam o inconsciente reprimido e a dualidade da alma (Jung, 2016). A aparição constante de

Frank não é apenas um sintoma — é o espelho sombrio do que Donnie teme tornar-se.

A narrativa apresenta-se como um loop temporal, mas o seu núcleo é emocional: Donnie carrega o fardo de ver demais. O filme retrata com precisão o terror de viver com uma mente hiperativa, que antecipa tragédias, interpreta sinais e procura sentido num mundo indiferente. Esta busca obsessiva por significado remete para a logoterapia de Viktor Frankl — a ideia de que, mesmo perante o sofrimento, o ser humano procura um sentido último para a existência (Frankl, 2006). É também uma ilustração clara daquilo que Carl Rogers identificou como incongruência entre o self e a experiência vivida, origem de profundo mal-estar psicológico (Rogers, 2001).

A banda sonora é fulcral: Echo & the Bunnymen, Joy Division, Tears for Fears e Gary Jules ajudam a desenhar o retrato de um jovem em rutura. A música não decora — traduz o vazio, a angústia e a beleza perversa do que está por vir. As canções não apenas criam atmosfera, mas ampliam a experiência emocional — um exemplo claro da importância da curadoria musical como veículo narrativo.

Donnie não é um herói, é um mártir da consciência. Ao perceber a lógica do universo, aceita o sacrifício como única saída. O seu gesto final — desaparecer para reequilibrar o mundo — é devastador e profundamente simbólico.

O filme fecha-se como um círculo trágico: lúcido, doloroso, inevitável.

Ficha Técnica:
Título original: Donnie Darko
Ano: 2001
Realizador: Richard Kelly
Principais atores: Jake Gyllenhaal, Jena Malone, Mary McDonnell, Drew Barrymore, Patrick Swayze
Compositor: Michael Andrews
Duração: 113 min

Referências:

Frankl, V. E. (2006). O homem em busca de um sentido (14.ª ed., A. R. da Silva, Trad.). Edições Paulinas.

Jung, C. G. (2016). O homem e os seus símbolos (3.ª ed.). Dom Quixote.

Nunes, A. (2016). Psicopatologia e integração da personalidade. Edições 70.

Rogers, C. R. (2001). Tornar-se pessoa (4.ª ed.). Edições Moraes.

Estrada Perdida

Na minha coleção física de filmes há obras que se recusam a ser explicadas. Estrada Perdida, de David Lynch, não se vê — atravessa-se.

É um abismo cinematográfico que desfaz as coordenadas do tempo, da identidade e da causalidade. Guardá-lo na estante é como guardar um enigma que se reformula a cada visionamento.

A narrativa gira em torno de Fred Madison, saxofonista introspetivo que se vê acusado do assassinato da esposa. A partir daí, o filme mergulha numa espiral de realidades sobrepostas, identidades permutáveis e lógicas fragmentadas. Lynch não nos oferece respostas. Apenas espaços vazios, silêncios cortantes, e a inquietação de estar diante de algo que se fragmenta mesmo quando tentamos compreendê-lo.

Esta estrutura quebrada não é apenas formal. É sintoma. Um sintoma de rutura psíquica profunda, de dissociação identitária em estado bruto. Fred não se limita a fugir da culpa: ele substitui-se a si mesmo — transforma-se, fisicamente e simbolicamente, noutra pessoa. Como escreve José Luís Pio Abreu (2014), certos colapsos do eu obrigam a uma reconfiguração psíquica tão radical que a consciência, para sobreviver, inventa outra narrativa, outro rosto, outra pele.

Essa cisão profunda entre o eu reprimido e o eu projetado encontra eco nos escritos de Carl Jung (2004), quando este refere que a sombra — o conjunto de conteúdos inconscientes rejeitados — pode ganhar vida própria e tomar conta da psique. Em Estrada Perdida, a sombra torna-se literal: o duplo surge como libertação e como maldição.

A transfiguração de Fred em Pete Dayton, jovem mecânico envolvido com uma "femme fatale" igualmente ambígua, não deve ser lida como uma metamorfose física, mas como um delírio dissociativo extremo. Um escape inconsciente, alimentado por culpa e desejo reprimido. Aqui, a leitura psicanalítica de Sigmund Freud (1997) ajuda a compreender este retorno do recalcado: o que é insuportável para o eu consciente regressa deformado, misturado com fantasia e pulsão.

Mas Lynch vai mais longe: desfaz não apenas a identidade, mas o próprio tempo. A linha narrativa colapsa em loops, flashbacks e repetições desconexas. Essa estrutura espelha o que Coimbra de Matos (2014) descreve como desorganização interna, onde o sujeito já não possui um eixo temporal coerente nem um discurso unitário. O self implode. E, no seu lugar, surge uma ficção defensiva — um simulacro de estabilidade.

A certa altura, sentimos que estamos a acompanhar um delírio psicótico com estrutura. Mas a patologia aqui não é gratuita: é linguagem. Como refere José Pinto da Costa (2003), certos estados de dissociação profunda — incluindo formas de amnésia psicogénica — resultam de perturbações traumáticas ou actos violentos insuportáveis à consciência. A "estrada perdida" torna-se então a metáfora literal de um cérebro que se recusa a reconhecer o caminho de volta à verdade.

A personagem de Pete — o segundo "eu" — move-se entre desejo, ameaça e repetição. Ele representa a fantasia de redenção sexual, emocional e moral. Mas é uma construção instável, que começa a desfazer-se à medida que o real (ou o trauma) se aproxima. A teoria da identidade narrativa, tal como exposta por Rui Gonçalves (2008), ajuda-nos a perceber como esta construção do eu é sempre uma história contada — e que, quando o enredo interno colapsa, o sujeito perde não só a coerência mas também o lugar simbólico onde habitar.

A banda sonora — composta por Angelo Badalamenti e produzida por Trent Reznor — intensifica esse delírio. Com temas obsessivos, industriais e minimalistas, a música funciona como comentário emocional interno, muitas vezes mais próximo do terror do que da melodia. É um som que se instala no corpo, que vibra com a desintegração da realidade.

Estrada Perdida não oferece resolução. É uma viagem sem mapa, onde a identidade não se revela — dissolve-se. No final, resta apenas o som agudo do saxofone, a imagem em looping, e o desconforto de um filme que não se deixa fechar. Como se dissesse que há lugares da mente onde nem a narrativa, nem a memória, nem o eu têm mais autoridade.

Ficha Técnica:
Título original: Lost Highway
Ano: 1997
Realizador: David Lynch
Principais atores: Bill Pullman, Patricia Arquette, Balthazar Getty
Compositor: Angelo Badalamenti, Trent Reznor (produção)
Género: Thriller psicológico, terror simbólico
Duração: 134 min

Referências:
Coimbra de Matos, A. (2014). Exclusão e laço social. Lisboa: Climepsi.
Freud, S. (1997). O eu e o isso. Lisboa: Relógio D'Água.
Jung, C. G. (2004). O eu e o inconsciente. Lisboa: Edições 70.
Pinto da Costa, J. (2003). Psiquiatria forense. Porto: Fronteira do Caos.
Pio Abreu, J. L. (2014). O bailado da alma. Lisboa: Dom Quixote.
Rui Gonçalves, R. A. (2008). Construção da identidade pessoal. Lisboa: Climepsi.

K-PAX

Há filmes que se insinuam como enigmas persistentes — K-PAX é um deles. Sempre que volto ao DVD, sinto que estou menos à procura de respostas e mais disposto a habitar as suas perguntas. Realizado por Iain Softley, este drama com tintas de ficção científica constrói-se sobre uma premissa simples, mas perturbadora: Prot (Kevin Spacey) surge de forma enigmática, afirmando ser de outro planeta. O psiquiatra Mark Powell (Jeff Bridges) é chamado a avaliá-lo, mas rapidamente se vê dividido entre a hipótese clínica e a possibilidade de estar diante de algo inexplicável.

Do ponto de vista diagnóstico, a narrativa convida a explorar as fronteiras entre psicose e identidade narrativa. No DSM-5-TR (APA, 2023), perturbações do espetro da esquizofrenia podem manifestar-se através de delírios estruturados, como no caso de Prot, cuja convicção e coerência interna desafiam a desconstrução lógica. A sua postura não é de fuga à realidade, mas de substituição dela por outra mais coerente com a sua experiência subjetiva.

Cyssau (2006) recorda que a entrevista clínica é tanto um ato de escuta técnica como de presença humana. Powell começa com protocolos formais, mas, à medida que a relação se aprofunda, percebe que o espaço terapêutico só se abre quando há lugar para a alteridade radical — quando não se tenta desmontar a narrativa do paciente, mas habitá-la. Esta inversão revela tanto sobre Prot como sobre Powell.

Carlos Mota Cardoso (2007), em Os Caminhos da Esquizofrenia, defende que a compreensão destes quadros clínicos exige a articulação entre o sintoma e o universo simbólico que o sustenta. Em K-PAX, o planeta descrito por Prot não é apenas uma fantasia compensatória: é um território psíquico onde as dores humanas encontram uma lógica diferente. Dalery e D'Amato (2006), por sua vez, exploram como a esquizofrenia pode assumir modos de funcionamento que preservam a coesão interna, mesmo que à custa da desconexão com a realidade partilhada.

Mas se K-PAX fosse apenas um estudo de caso, não teria a força que mantém. A questão central é o encontro entre dois mundos — o clínico e o subjetivo — e a forma como cada um se contamina pelo outro. A reabilitação, lembra Margarida Cordo (2010), não é apenas restaurar a funcionalidade social, mas encontrar um equilíbrio entre o que a pessoa vive internamente e o que a sociedade pode aceitar como legítimo.

Powell, ao final, não "cura" Prot: mas talvez aprenda a viver com a sua própria necessidade de acreditar em algo que transcenda a clínica.

A banda sonora de Edward Shearmur acompanha este jogo entre mistério e intimidade. Mesclando harmonias minimalistas com texturas eletrónicas subtis, cria uma atmosfera suspensa, onde a dúvida e a possibilidade coexistem. A música não impõe respostas — apenas amplifica o espaço entre o que é dito e o que permanece no indizível.

K-PAX é menos sobre provar se Prot veio ou não de outro planeta e mais sobre reconhecer que, por vezes, a verdade clínica e a verdade pessoal podem coexistir, mesmo que em órbitas diferentes. É nesse espaço, entre ciência e mito, que o filme encontra a sua luz mais persistente.

Ficha Técnica:
Título original: K-PAX
Ano: 2001
Realizador: Iain Softley
Principais atores: Kevin Spacey, Jeff Bridges, Mary McCormack
Compositor: Edward Shearmur
Género: Drama psicológico, ficção científica
Duração: 120 min

Referências:
APA – American Psychiatric Association. (2023). DSM-5-TR: Manual de Diagnóstico e Estatístico das Perturbações Mentais (5.ª ed. rev.). Lisboa: Climepsi Editores.
Cyssau, C. (2006). A Entrevista em Clínica. Lisboa: Climepsi Editores.
Cardoso, C. M. (2007). Os Caminhos da Esquizofrenia. Lisboa: Climepsi Editores.
Dalery, J., & D'Amato, T. (2006). A Esquizofrenia. Lisboa: Climepsi Editores.
Cordo, M. (2010). Reabilitação de Pessoas com Doença Mental. Lisboa: Climepsi Editores.

O Maquinista

Entre os títulos mais incómodos da minha coleção, O Maquinista (2004), realizado por Brad Anderson, destaca-se como um mergulho direto no abismo da mente perturbada. Um filme que se despe do excesso e do ruído para se concentrar numa única pergunta: o que acontece quando a culpa já não cabe no inconsciente?

Trevor Reznik (Christian Bale) é um operário industrial que já não dorme há um ano. Literalmente. Mas o mais relevante não é a insónia, é o que ela denuncia — uma recusa absoluta da mente em repousar, como se o sono implicasse aceitar alguma verdade que precisa continuar reprimida. "A culpa inconsciente tende a manifestar-se sob formas simbólicas e somáticas quando não é elaborada"

(Freud, 1926/2006). O corpo de Bale, reduzido a pele e osso, não é apenas uma transformação física; é a imagem crua da erosão psíquica. Aqui, o desgaste é total: físico, moral e existencial.

A narrativa, com traços de paranoia e distorção percetiva, vai-se construindo como um espelho partido. As personagens que surgem à volta de Trevor — Ivan, Stevie, Maria — não têm consistência própria: parecem projeções, defesas ou partes desintegradas do seu psiquismo. Há nelas ecos de um "mecanismo dissociativo como tentativa de manter a coesão do self perante um trauma intolerável" (Winnicott, 1965/2005). O filme convida-nos a ler cada espaço, objeto e diálogo como símbolos de um labirinto interior onde o passado é evitado a todo o custo.

Do ponto de vista psicopatológico, Trevor apresenta traços de um quadro psicótico com elementos paranoides, perturbação de identidade e despersonalização persistente. A presença de alucinações visuais, ideação persecutória e incapacidade para diferenciar fantasia de realidade aponta para um colapso interno que ressoa com o que Bleuler designava como "cisão fundamental entre pensamento, afeto e perceção" (Bleuler, 1911/2001). No plano psicossomático, a deterioração do corpo torna-se literal: o inconsciente corrói aquilo que já não consegue recalcar.

A banda sonora de Roque Baños acompanha esse colapso com composições minimalistas, dissonantes, hipnóticas. Nada nela é melodioso — tudo é suspensão. Funciona como extensão do psiquismo de Trevor: um ruído de fundo que se infiltra até ao desconforto mais íntimo, sem nunca se resolver. Tal como a própria mente em fuga.

O Maquinista é, no fundo, sobre o peso de não poder esquecer. Sobre a impossibilidade de seguir em frente quando a mente fixa o tempo no exato momento da culpa. Quando o perdão — ao outro ou a si mesmo — já não parece possível, resta apenas um purgatório de vigília perpétua. Um limbo psicológico onde a redenção, se vier, será sempre tarde demais.

Ficha Técnica:
O Maquinista
Ano: 2004
Realização: Brad Anderson
Atores principais: Christian Bale, Jennifer Jason Leigh, Aitana Sánchez-Gijón
Compositor: Roque Baños
Duração: 101 min
Género: Thriller psicológico

Referências:

Bleuler, E. (2001). Dementia praecox ou o grupo das esquizofrenias (J. P. Pacheco, Trad.). Lisboa: Climepsi. (Obra original publicada em 1911)

Freud, S. (2006). Inibição, sintoma e angústia. In S. Freud, Obras Completas - Volume XX (pp. 75–180). Lisboa: Relógio D'Água. (Obra original publicada em 1926)

Winnicott, D. W. (2005). O ambiente e os processos de maturação (3.ª ed.). Lisboa: Relógio D'Água. (Obra original publicada em 1965).

Shutter Island

Entre os títulos mais perturbadores da minha coleção, Ilha do Medo (Shutter Island, 2010), realizado por Martin Scorsese, ocupa um lugar difícil de ignorar. Não apenas pelo golpe narrativo que desestrutura o olhar do espectador, mas pelo modo como encena, com rara densidade emocional, o desespero de uma mente em rutura.

Teddy Daniels (Leonardo DiCaprio) chega a uma ilha isolada para investigar o desaparecimento de uma paciente de um hospital psiquiátrico. Mas essa missão, à primeira vista policial, revela-se rapidamente como outra coisa: um processo regressivo, defensivo e profundamente simbólico. A investigação não visa a verdade externa — visa o recalque. O filme transforma-se, aos poucos, numa viagem labiríntica ao interior de uma psique colapsada, onde cada pista é um mecanismo de negação e cada obstáculo uma metáfora da dor psíquica.

A atmosfera é cuidadosamente construída como extensão do próprio protagonista. O hospital não é apenas uma instituição — é um teatro interno, como diria Jung, onde as partes do self encenam o seu conflito (Jung, 1964/2013). O espaço insular, cercado por mar e nevoeiro, representa a clausura mental; os médicos, os pacientes, até o parceiro Chuck, podem ser lidos como projeções da mente de Teddy — fragmentos da sua tentativa desesperada de manter uma narrativa coesa.

A estrutura narrativa — circular, repetitiva, enganadora — segue o movimento típico de uma defesa dissociativa. O sujeito constrói uma identidade alternativa como forma de evitar o contacto com a dor intolerável da memória. Freud reconheceu esta dinâmica como forma de recalque profundo, mas aqui ela é ampliada até ao limite: o delírio não surge como perda da razão, mas como tentativa de salvar o Eu de um trauma inaceitável (Freud, 1917/2006). Nancy McWilliams descreve estes estados como "autoenganos organizados" — formas altamente sofisticadas de evitar a destruição interna (McWilliams, 2011).

A verdade — quando finalmente irrompe — não liberta. Esmaga. O trauma em questão (a morte dos filhos às mãos da mulher, e o assassinato posterior da mesma) não é apenas um acontecimento traumático; é a origem de um colapso ontológico. A dor é tal que o inconsciente opta por apagar, reescrever, fingir. E, no fim, Teddy já não é Teddy e a verdade, quando emerge, já não tem função terapêutica. Apenas encerra.

A frase final "O que é pior: viver como um monstro ou morrer como um homem bom?", condensa todo o paradoxo do filme. A verdade pode ser insuportável, e a fantasia, por mais frágil que seja, oferece uma paz possível. É uma narrativa de desistência, mas também de resistência trágica.

A banda sonora, construída a partir de peças de Penderecki, Mahler, Ligeti, John Cage, entre outros, acentua esse estado de desintegração. Não há temas melodiosos, nem estrutura clássica — apenas dissonância, tensão, suspensão. A música funciona como espelho do ruído mental de Teddy: fragmentada, densa, sem resolução emocional.

Ilha do Medo não é sobre loucura, mas sobre o que a precede: o trauma, a culpa, o desespero. É sobre o ponto em que a mente, incapaz de suportar o real, escolhe o delírio como último refúgio. E é por isso que o filme continua a ecoar — porque mostra, com crueza e compaixão, que há dores que não se curam. Apenas se encenam.

Ficha Técnica:
Ilha do Medo (Shutter Island)
Ano: 2010
Realização: Martin Scorsese
Atores principais: Leonardo DiCaprio, Mark Ruffalo, Ben Kingsley, Michelle Williams
Composição Musical: Curadoria de Robbie Robertson (inclui Penderecki, Mahler, Cage, Ligeti)
Duração: 138 min
Género: Thriller psicológico / drama

Referências:

Freud, S. (2006). Luto e melancolia. In S. Freud, Obras Completas – Volume XII (pp. 249–270). Lisboa: Relógio D'Água. (Obra original publicada em 1917)

Jung, C. G. (2013). O Eu e o inconsciente. Lisboa: Edições 70. (Obra original publicada em 1964)

McWilliams, N. (2011). Psicodiagnóstico psicanalítico (2.ª ed.). Lisboa: Climepsi.

Spider

Spider é um daqueles filmes que nunca se oferecem a uma visualização ligeira. É um filme que exige silêncio, paciência e, sobretudo, a disposição para caminhar ao lado de uma mente fragmentada. O DVD, gasto pelo uso, lembra-me que, ao contrário de narrativas lineares, aqui a verdade não se apresenta — constrói-se, distorce-se e desfaz-se perante o olhar.

David Cronenberg filma a esquizofrenia com uma intimidade perturbadora. Não há aqui o espetáculo de delírios coloridos nem dramatizações artificiais: há a cadência hesitante de quem tenta decifrar o próprio pensamento. Ralph Fiennes é Spider, um homem que regressa ao bairro onde cresceu, tentando reconstruir memórias que se revelam como peças incompatíveis. O que vemos não é apenas o passado dele — é o presente contaminado por memórias rearranjadas, por uma percepção que já não distingue o vivido do imaginado.

Matos, Bragança e Sousa, em Esquizofrenia de A a Z, sublinham que a vivência esquizofrénica não se reduz a sintomas isolados, mas a um modo de estar no mundo onde a realidade se torna permeável. É precisamente essa permeabilidade que Cronenberg captura, fazendo a câmara vaguear como se estivesse sempre à procura de um eixo que não existe.

A narrativa de Spider é o retrato clínico e simbólico das fases iniciais da esquizofrenia, como descrevem Zipursky e Schulz em As Fases Iniciais da Esquizofrenia: um lento deslizamento em que pequenas distorções se instalam sem que o sujeito perceba o momento exato da rutura. A confusão entre factos e interpretações, as falhas na integração temporal e a presença de ideias delirantes são sinais que Cronenberg filma sem pressa, deixando-nos experimentar a desorientação do protagonista.

Melo, em O Inconsciente Está no Cérebro, lembra que as perceções distorcidas não são apenas erros de processamento sensorial, mas reorganizações profundas do significado que damos às experiências. Em Spider, este inconsciente reconstruído é visível no modo como memórias de infância se contaminam com culpa, perda e fantasias persecutórias. O espectador torna-se cúmplice desta reconstrução falhada, oscilando entre a empatia e o desconforto.

A banda sonora minimalista de Howard Shore evita qualquer dramatismo excessivo, optando por cordas baixas e sons quase inaudíveis, como se viessem de dentro da mente de Spider. Esta contenção musical amplifica o peso das imagens e cria um espaço auditivo que imita a solidão e o isolamento do protagonista.

No final a linha entre o que aconteceu e o que foi imaginado mantém-se difusa. E talvez seja esse o ponto:

não se trata de resolver um enigma, mas de compreender a fragilidade de uma mente que se vê obrigada a viver num território onde a realidade já não é consenso. É um filme que, mais do que representar a esquizofrenia, nos obriga a sentir o seu ritmo interno — irregular, fragmentado, mas profundamente humano.

Ficha Técnica:
Título original: Spider
Ano: 2002
Realizador: David Cronenberg
Principais atores: Ralph Fiennes, Miranda Richardson, Gabriel Byrne
Compositor da banda sonora: Howard Shore
Género: Drama psicológico, thriller, estudo de personagem
Duração: 98 min

Referências:
Matos, M. B., Bragança, M., & Sousa, R. (ano). Esquizofrenia de A a Z. Lisboa: Climepsi Editores.
Zipursky, R. B., & Schulz, S. C. (ano). As Fases Iniciais da Esquizofrenia. Lisboa: Climepsi Editores.
Melo, J. C. (2017). O Inconsciente Está no Cérebro. Lisboa: Climepsi Editores.

Fragmentado

Na minha coleção, Fragmentado é um daqueles filmes que provoca ambivalência. Há algo de fascinante e desconfortável no modo como M. Night Shyamalan aborda a saúde mental — com um pé na ficção e outro no espetáculo. A edição que tenho, exibe James McAvoy em destaque, e de facto é nele que tudo repousa: o corpo como palco de múltiplas presenças.

A história gira em torno de Kevin Wendell Crumb (McAvoy), um homem com diagnóstico de Perturbação Dissociativa da Identidade (PDI), reconhecida no DSM-5 como uma condição rara mas documentada, caracterizada pela presença de duas ou mais identidades distintas que assumem controlo do comportamento (American Psychiatric Association, 2013). Ao longo da narrativa, vamos conhecendo várias das suas 23 personalidades — com destaque para Patricia, Dennis, Hedwig e a temida "Fera". No entanto, Fragmentado não é um retrato clínico da PDI. É, acima de tudo, uma metáfora — uma exploração simbólica da multiplicidade psíquica, do trauma e da fragmentação do self.

A origem dissociativa da condição de Kevin está ancorada num passado de abuso severo. Como destaca van der Kolk (2014), a dissociação é muitas vezes uma resposta adaptativa a traumas extremos, permitindo ao indivíduo preservar partes do self intactas enquanto outras absorvem a dor. Em Kevin, cada personalidade parece ter evoluído como defesa específica — um sistema interno complexo que visa garantir sobrevivência, controlo e alguma forma de dignidade emocional.

No entanto, o filme toma uma liberdade narrativa perigosa: associa a dissociação à violência extrema, alimentando o estigma que cerca este diagnóstico. Isso não pode ser ignorado. Como sublinha Spiegel et al. (2011), pessoas com PDI são, na esmagadora maioria dos casos, vítimas de violência — não os seus agentes. A construção da "Fera" como entidade super-humana e agressiva reforça um imaginário sensacionalista, ainda que funcione como metáfora da dor que se transforma em força monstruosa.

A relação entre Kevin e a jovem Casey (Anya Taylor-Joy) é o ponto mais interessante da narrativa. Ambos partilham um passado traumático, e é nesse reconhecimento mútuo que surge uma forma de empatia. Casey sobrevive não por força física, mas por identificação — porque a dor de Kevin reconhece a dela. Essa dinâmica evoca o conceito de "testemunho relacional" (Herman, 1992), onde o reconhecimento da dor do outro atua como forma de contenção emocional e humanização.

McAvoy oferece uma performance notável, transitando entre personalidades com nuances corporais e vocais que revelam o caos interno de Kevin sem nunca o reduzir a uma caricatura. A realização de Shyamalan mantém um tom tenso e claustrofóbico, optando por uma mise-en-scène minimalista, com foco nos gestos e nos silêncios — elementos que amplificam o desconforto emocional.

A banda sonora, composta por West Dylan Thordson, é discreta mas eficaz. Sons graves, dissonâncias, pequenos ruídos que parecem vir de dentro do corpo. A música funciona aqui como extensão da mente fragmentada — não como trilha clássica, mas como uma corrente subterrânea de tensão.

No final, a revelação de que Kevin pertence ao mesmo universo narrativo de Unbreakable cria uma ligação mais ampla — mas também arrisca reduzir a sua complexidade a um elo numa cadeia de supervilões. Uma decisão discutível, que dilui a força dramática da narrativa em nome de uma franchise.

Escolher viver com dor, ou sobreviver através dela. Fragmentado propõe essa pergunta, mesmo que a sua resposta seja ambígua. Talvez o filme não acerte em tudo. Mas o que deixa no ar — a dúvida sobre o que somos quando tudo se quebra — isso fica connosco.

Ficha Técnica:
Título original: Split
Ano: 2016
Realizador: M. Night Shyamalan
Principais atores: James McAvoy, Anya Taylor-Joy, Betty Buckley
Compositor da banda sonora: West Dylan Thordson
Género: Thriller psicológico, drama de suspense
Duração: 117 min

Referências:

American Psychiatric Association. (2013). Manual Diagnóstico e Estatístico de Perturbações Mentais (DSM-5). Climepsi Editores.
van der Kolk, B. (2014). O Corpo Guarda a Memória: Cérebro, mente e corpo na cura do trauma. Nascente.
Herman, J. L. (1992). Trauma e Recuperação. Edições 70.
Spiegel, D., Loewenstein, R. J., Lewis-Fernández, R., Sar, V., Simeon, D., Vermetten, E., ... & Dell, P. F. (2011). Dissociative disorders in DSM-5. Depression and Anxiety, 28(12), 824–852.
Shyamalan, M. N. (2016). Fragmentado [filme]. Blumhouse Productions.
Thordson, W. D. (2016). Split: Original Motion Picture Soundtrack.

Taxi Driver

Entre as caixas que marcam os anos 70 na minha coleção, poucas emitem um ruído tão perturbador quanto Taxi Driver. Realizado por Martin Scorsese e escrito por Paul Schrader, este filme não conta apenas a história de Travis Bickle. Conta também a história do vazio — de uma cidade em ruínas emocionais, de um homem à deriva, e de um silêncio interno que se transforma em violência.

A câmara segue Travis (Robert De Niro), um ex-fuzileiro que trabalha como taxista nas madrugadas decadentes de Nova Iorque. Insone, desajustado, e incapaz de se relacionar com o mundo à sua volta, ele começa a construir uma narrativa própria para justificar a sua raiva e isolamento. A cidade é, aos seus olhos, um corpo em decomposição — e ele, o agente purificador.

É aqui que a psicologia emerge como lente essencial. A narrativa estrutura-se como um mergulho numa mente em desintegração. Travis exibe sintomas de isolamento crónico, insónia persistente, ideação paranóide e distorção da realidade — uma trajetória que remete para quadros de perturbação de personalidade esquizoide ou mesmo traços de perturbação delirante, numa espiral dissociativa crescente. A justificação moral que encontra para os seus atos é sintoma, não princípio.

A leitura através de Aaron Beck ou Albert Ellis, fundadores das terapias cognitivas, permite ver como o pensamento disfuncional de Travis molda toda a sua perceção do mundo. Cada rejeição, cada silêncio, cada recusa transforma-se, na sua mente, em mais um tijolo no edifício do ressentimento. E é esse edifício que colapsa, não com gritos, mas com o som surdo de um disparo.

Do ponto de vista simbólico, o espelho é recorrente — a célebre cena do "You talkin' to me?" não é apenas uma ameaça. É o retrato de uma identidade estilhaçada, onde o sujeito fala consigo próprio porque já não reconhece ninguém no reflexo. Um processo de alienação do self que ecoa Laing ou Jung, na ideia da persona como armadura insustentável.

O desejo de redenção surge quando Travis decide "salvar" Iris (Jodie Foster), uma adolescente prostituída. Mas este salvamento é distorcido: não nasce da empatia, mas da construção de uma missão moral que legitime a violência. Maslow veria aqui um sujeito bloqueado nos níveis mais básicos da pirâmide: segurança, pertença, estima. Sem estes, a autorrealização degenera em fantasia messiânica.

Do ponto de vista estético, o filme nunca tenta suavizar a psicose. A realização de Scorsese oscila entre o realismo cru das ruas nova-iorquinas e a atmosfera febril de uma mente em combustão. As luzes de néon, os espelhos, os reflexos nas janelas do táxi são extensões visuais da fragmentação interna.

A banda sonora de Bernard Herrmann, a sua última antes de morrer, é essencial. Entre o jazz melancólico e as súbitas explosões de tensão, ouvimos não apenas a cidade — ouvimos o que ela faz ao corpo e à mente de quem nela habita. É uma música que não acompanha: invade.

No fundo, Taxi Driver não é um filme sobre um justiceiro. É um estudo sobre a ausência de laços, a falência do vínculo afetivo, e o modo como uma cidade pode ser o espelho de uma psique em erosão. Travis não quer atenção — quer desaparecer. Mas, antes, precisa ser ouvido. Nem que seja com um grito.

Ficha Técnica:
Título original: Taxi Driver
Ano: 1976
Realizador: Martin Scorsese
Principais atores: Robert De Niro, Jodie Foster, Cybill Shepherd
Compositor da banda sonora: Bernard Herrmann
Género: Drama / Psicológico
Duração: 113 minutos

Referências:
Beck, A. T. (1979). Cognitive Therapy and the Emotional Disorders. Lisboa: Climepsi Editores.
Ellis, A. (1995). Como Viver com uma Neurose. Lisboa: Edições 70.
Jung, C. G. (2003). O Eu e o Inconsciente. Lisboa: Editora Vozes.
Maslow, A. H. (2011). Motivação e Personalidade. Lisboa: Edições Sílabo.
Laing, R. D. (1997). O Eu Dividido. Lisboa: Relógio D'Água.

Um Método Perigoso

Um Método Perigoso é talvez um dos mais tensos filmes que guardo na prateleira, não por ser um thriller, mas porque encena um confronto entre ideias e emoções que moldaram toda a história da psicologia.

Cronenberg abandona os seus horrores explícitos e mergulha no horror subtil da linguagem, da repressão, da transferência. Aqui, o corpo está contido — mas o desejo lateja em cada silêncio.

A história acompanha o triângulo tenso entre Carl Gustav Jung, Sigmund Freud e Sabina Spielrein, uma paciente que se tornará psicanalista. Mas o filme não é apenas sobre o nascimento da psicanálise — é sobre o desequilíbrio estrutural entre razão e instinto. O próprio Jung hesita entre a postura teórica e o impulso vital. Sabina, por sua vez, é o espelho que devolve àqueles homens o que querem negar: que o inconsciente não se limita a ser interpretado — exige ser vivido.

A personagem de Sabina mostra como o trauma se manifesta no corpo, e como a linguagem do sintoma é também uma linguagem de sobrevivência. Ela não está "louca" — está desorganizada por dentro. O corpo é palco de uma luta entre pulsão e censura, entre humilhação e desejo (Freud, 1920/2006). O seu sofrimento não é apenas histórico — é simbólico. Carrega o peso do silêncio, da repressão sexual, da condição feminina num tempo em que o diagnóstico é uma forma de domesticação.

Jung aproxima-se dela com curiosidade e encantamento, mas também com fragilidade teórica. A sua crença num "inconsciente coletivo" é uma tentativa de ordem — uma arquitetura simbólica para resistir à força destrutiva da pulsão (Jung, 1964). No entanto, à medida que o vínculo se intensifica, a neutralidade analítica desfaz-se. A relação terapeuta-paciente deixa de ser contenção — passa a ser espelho. A transferência revela não só o desejo do analisando, mas o do próprio analista.

É precisamente aí que o filme ganha espessura. Sabina não é apenas paciente nem vítima — é agente da própria análise. À semelhança do que defendeu Ferenczi, o analista não é uma figura distante, mas alguém que também se envolve, que também é tocado, que também se transforma. Jung, ao tentar preservar a técnica, perde-se no próprio abismo que a análise lhe revela. A repressão intelectual torna-se, paradoxalmente, uma forma de cedência ao medo.

A rutura entre Freud e Jung é inevitável. Freud defende a contenção e a supremacia do método; Jung procura transcendência e integração espiritual. Mas essa divergência não é apenas teórica — é emocional. Como diria Carl Rogers, a rigidez conceptual muitas vezes encobre a incapacidade de aceitar a ambiguidade interna (Rogers, 2004).

A tensão entre os dois é também a tensão entre controlo e entrega, entre ciência e alma.

A música de Howard Shore acompanha essa ambivalência com subtileza. As cordas nunca explodem — apenas vibram, como se algo estivesse sempre por dizer. É uma banda sonora que respeita o conflito interno dos personagens, pontuando os silêncios com uma gravidade elegante. Em vez de guiar a emoção, limita-se a abri-la — a dar-lhe espaço para ser sentida sem ser explicada.

No fundo, o filme é uma elegia à falência do método como escudo contra o humano. Mostra que, quando o inconsciente se aproxima, nenhuma teoria é suficientemente sólida para impedir que nos confrontemos com o que mais tememos. Sabina, ao final, emerge como aquela que mais se integrou — não porque venceu o sintoma, mas porque o aceitou como parte da sua construção identitária. Como afirmou Jung, "aquilo que negamos, acaba por nos dominar" (Jung, 1964).

Cronenberg filma tudo com distância, quase com frieza. Mas por baixo dessa superfície há um fogo que nunca se extingue. Um método perigoso, afinal, não é aquele que se aplica ao outro — é o que nos obriga a olhar para dentro, sem garantias, sem defesa, sem saída.

Ficha Técnica:
Título original: A Dangerous Method
Ano: 2011
Realizador: David Cronenberg
Principais atores: Michael Fassbender, Keira Knightley, Viggo Mortensen
Compositor da banda sonora: Howard Shore
Género: Drama psicológico, biografia histórica
Duração: 99 min

Referências:
Freud, S. (2006). Além do princípio do prazer (Obras Completas, Vol. 18). Lisboa: Relógio D'Água. (Original publicado em 1920)
Jung, C. G. (1964). O homem e os seus símbolos. Lisboa: Relógio D'Água.
Rogers, C. (2004). Tornar-se pessoa. Lisboa: Moraes Editores.

Uma Mente Brilhante

John Nash é um génio perturbado pela sua própria mente. Interpretado por Russell Crowe, o matemático vive entre a glória académica e o delírio persecutório, mergulhado numa esquizofrenia paranoide que distorce a sua perceção da realidade. O filme segue-o desde os tempos de Princeton até ao Prémio Nobel, construindo uma narrativa que alterna entre admiração, desespero e redenção.

Ron Howard escolhe não fazer um retrato médico, mas sim emocional. A doença mental é aqui sentida mais do que explicada. As alucinações são tratadas com respeito e subtileza, permitindo ao espectador uma imersão gradual na desorganização mental de Nash. O ponto de viragem — quando percebemos que algumas personagens são invenções — é um golpe narrativo brilhante, que espelha a confusão do próprio protagonista. Este tipo de representação alinha-se com a abordagem fenomenológica da psicopatologia, centrada na experiência subjetiva da perturbação (Jaspers, 1997).

A banda sonora de James Horner reforça esse clima ambíguo, oscilando entre momentos de grandiosidade e passagens íntimas que acentuam o isolamento de Nash. A música, aqui, não dramatiza — traduz o desequilíbrio interno de forma quase impercetível. O romantismo silencioso da relação com Alicia (Jennifer Connelly) dá âncora emocional ao filme e serve de contraponto à deterioração interna do protagonista.

Uma Mente Brilhante não simplifica nem glorifica a doença. Mostra a luta interna, a recaída, o estigma e a resistência. Nash não é um herói por ter superado a esquizofrenia, mas por ter aprendido a conviver com ela. A noção de aceitação como forma de reconstrução do self é aqui essencial, e ecoa a perspetiva de Viktor Frankl sobre o sofrimento com sentido (Frankl, 2006). O filme torna-se assim um retrato poderoso da mente como campo de batalha — entre lógica e delírio, entre génio e fragilidade. Um espaço de tensão contínua, onde viver é, muitas vezes, resistir.

Ficha Técnica:
Título original: A Beautiful Mind
Ano: 2001
Realizador: Ron Howard
Principais atores: Russell Crowe, Jennifer Connelly, Ed Harris, Paul Bettany
Compositor: James Horner
Duração: 135 min
Género: Drama biográfico, psicológico

Referências:

Frankl, V. E. (2006). O homem em busca de um sentido (14.ª ed., A. R. da Silva, Trad.). Edições Paulinas.
Jaspers, K. (1997). Psicopatologia geral (7.ª ed.). Martins Fontes.

Capítulo 2: O Luto E Os Fantasmas Da Memória

Há perdas que não passam. Há ausências que se instalam como presença constante — silenciosa, mas pesada. Este capítulo reúne filmes onde o luto, o trauma e a memória ocupam o centro da narrativa, não como temas explícitos, mas como forças subterrâneas que moldam o comportamento, o silêncio, os desvios do olhar.

São histórias onde a dor se transmite sem palavras, onde o que se perdeu continua a marcar o presente como uma sombra persistente. A morte, a separação, a violência ou a ruptura emocional tornam-se cicatrizes que resistem ao tempo — às vezes visíveis, outras vezes enterradas, disfarçadas de normalidade.

Mais do que retratar o sofrimento, estes filmes capturam a complexidade daquilo que não foi resolvido. Mostram-nos como o passado continua a viver dentro de nós, como um eco, uma ferida ou uma memória mal arrumada. E talvez seja precisamente aí que o cinema se torna mais humano — quando nos confronta com aquilo que ainda não conseguimos deixar ir.

4:44 Último Dia Na Terra

Entre os títulos que se interrogam sobre o colapso e a fragilidade humana, repousa 4:44 – Último Dia na Terra, de Abel Ferrara. É um filme que abdica da espetacularidade dos cenários apocalípticos para nos lançar num espaço reduzido, íntimo, onde a humanidade é confrontada com a sua extinção. Mais do que uma narrativa sobre catástrofes, é uma meditação sobre o luto antecipado, sobre a forma como se ama, sofre e aceita quando já não resta amanhã.

Ferrara concentra-se em dois personagens – Cisco (Willem Dafoe) e Skye (Shanyn Leigh) – fechados num apartamento em Nova Iorque, enquanto o mundo lá fora aguarda o fim anunciado. Não há fuga, nem redenção tecnológica: apenas a experiência do tempo que se esgota. Este confinamento existencial evoca o que Sofia Gabriel, Mauro Paulino e Telmo Mourinho Baptista descrevem como luto antecipatório, em que a perda se vive ainda antes de acontecer, com a consciência plena da irreversibilidade (Gabriel, Paulino & Baptista, 2018). Cada gesto dos protagonistas – seja a criação artística, o sexo, a conversa ou a contemplação – é atravessado por esta consciência trágica.

O filme ecoa também a perspetiva de Carl Rogers: a autenticidade do encontro humano quando caem as máscaras sociais. No espaço fechado do apartamento, a relação entre Cisco e Skye ganha contornos de "presença plena", onde não resta senão o ser em relação ao outro (Rogers,

2009). É nesse abandono de defesas que a experiência se torna mais radical e, paradoxalmente, mais verdadeira.

José Luís Pio Abreu lembra-nos que o adoecer mental não é apenas patologia, mas também metáfora da vida em condições-limite (Como Tornar-se Doente Mental, 2011). Neste caso, não se trata de um delírio ou de uma psicose, mas de um mundo inteiro que adoece ao saber-se condenado. A cidade, observada das janelas do apartamento, torna-se reflexo dessa doença coletiva – marcada por um silêncio pesado, quase patológico.

Ao mesmo tempo, Abel Ferrara introduz uma dimensão de mal-estar contemporâneo que ressoa com a obra de Matt Haig (O Mundo à Beira de um Ataque de Nervos, 2019). A ansiedade global, a sensação de crise permanente e de esgotamento psíquico, aqui encontram a sua forma absoluta: a Terra já não tem futuro. Não é apenas um sintoma individual, mas o colapso do horizonte comum.

A banda sonora, marcada por silêncios longos e sons urbanos diluídos, intensifica este clima de suspensão. Não há música épica, mas pequenos fragmentos que realçam a intimidade dos gestos. O silêncio, aqui, é mais eloquente do que qualquer orquestração: é o som da espera e da aceitação.

4:44 – Último Dia na Terra é, assim, menos um filme sobre o fim do mundo e mais um estudo sobre como habitamos os nossos últimos instantes. Um retrato cru, minimalista e humano, que obriga o espectador a olhar para dentro: como reagiria eu, se soubesse que só me restam algumas horas? Talvez a resposta esteja, como Rogers dizia, na autenticidade do encontro consigo mesmo e com o outro – mesmo à beira do abismo.

Ficha Técnica:
Título original: 4:44 Last Day on Earth
Ano: 2012
Realizador: Abel Ferrara
Atores principais: Willem Dafoe, Shanyn Leigh
Compositor: Józef van Wissem
Género: Drama, Apocalipse, Existencial
Duração: 82 min

Referências:
Gabriel, S., Paulino, M., & Baptista, T. M. (2018). Luto: Manual de Intervenção Psicológica. Lisboa: Climepsi.
Rogers, C. (2009). Tornar-se Pessoa. Lisboa: Edições 70.
Pio Abreu, J. L. (2011). Como Tornar-se Doente Mental. Lisboa: Climepsi.
Haig, M. (2019). O Mundo à Beira de um Ataque de Nervos. Lisboa: Bertrand.

A Árvore

Entre os filmes que evocam o Luto, o Trauma e os Fantasmas da Memória, A Árvore emerge como um marco. Realizado por Julie Bertuccelli, este filme australiano-francês, que adquiri em DVD há alguns anos, convida-nos a entrar num luto silencioso, onde a natureza parece respirar com a dor humana. É uma obra feita de silêncios, sussurros e raízes — literais e simbólicas.

A história segue Dawn (Charlotte Gainsbourg) e os seus filhos após a morte súbita do pai da família. Vivendo numa casa no interior australiano, a filha mais nova, Simone, começa a acreditar que o espírito do pai habita a majestosa figueira junto à casa. Esta crença dá início a uma convivência entre o natural e o sobrenatural, onde o luto é vivido através do imaginário infantil e da recusa do esquecimento.

A leitura simbólica do filme aproxima-se de uma hermenêutica da perda. A figueira, imponente e viva, torna-se um lugar de projeção emocional, um espaço transicional — como definiria Maurice Berger (2006) — onde a criança expressa e simboliza o sofrimento pela separação. A árvore não é apenas uma metáfora da memória: é um corpo que pulsa, que fala e que ocupa, como a dor, cada canto da vida quotidiana.

O filme é também uma reflexão sobre as diferentes formas de lidar com o luto nas várias fases do desenvolvimento humano. Como refere Parkes et al. (2000), o luto assume contornos culturais e individuais distintos, e o filme mostra precisamente isso: a negação, a raiva silenciosa, a idealização, a evasão. Dawn oscila entre a contenção e a tentativa de retomar a normalidade, enquanto Simone mergulha num vínculo simbiótico com a árvore. O luto, aqui, não se resolve — transforma-se.

A presença da natureza como agente de cuidado é um ponto de contacto com o pensamento de Twycross (2003), que enfatiza o papel da escuta e da aceitação nos cuidados paliativos. Neste caso, a figueira assume um papel paliativo simbólico, permitindo que a dor encontre um espaço onde não precisa ser racionalizada. Há algo de profundamente terapêutico na forma como o filme deixa que a dor permaneça, sem a tentar explicar ou resolver prematuramente.

A banda sonora, discreta e sensível, acompanha este movimento emocional. As composições suaves de Grégoire Hetzel nunca invadem o ecrã, mas funcionam como uma respiração paralela, acentuando os momentos de suspensão, os vazios que a ausência deixa. A música não preenche: amplia.

A Árvore é uma história sobre ramos que se estendem e raízes que prendem. Uma elegia delicada sobre a ausência, mas também uma ode ao poder simbólico da ligação emocional. Como nos recorda a psicologia do luto, o objetivo não é esquecer, mas integrar a perda num novo ciclo de vida. E talvez nenhuma imagem o represente melhor do que uma criança que sussurra segredos ao ouvido de uma árvore.

Ficha Técnica:
Título original: The Tree
Ano: 2010
Realizadora: Julie Bertuccelli
Principais atores: Charlotte Gainsbourg, Morgana Davies, Marton Csokas
Compositor da banda sonora: Grégoire Hetzel
Género: Drama psicológico, luto familiar
Duração: 100 min

Referências:

Berger, M. (2006). A Criança e o Sofrimento da Separação. Lisboa: Climepsi Editores.
Murray Parkes, C., Laungani, P., & Young, B. (2000). Morte e Luto Através das Culturas. Lisboa: Climepsi Editores.
Twycross, R. (2003). Cuidados Paliativos. Lisboa: Climepsi Editores.

A Viagem De Chihiro

Os filmes de animação, e em especial os japoneses criados nos Estúdios Ghibli, têm um importante lugar na minha coleção. Entre as dezenas de títulos, começo pel'A Viagem de Chihiro. É um filme que não se esgota numa visualização. E talvez por isso esteja, com justiça, entre os títulos centrais da minha prateleira.

Quando Chihiro atravessa o túnel que a separa do mundo real, inicia-se uma travessia psicológica densa. O filme é, na sua essência, uma metáfora para a perda da infância e para a construção da identidade num mundo de regras confusas, figuras ambíguas e tarefas que parecem esmagadoras. Miyazaki transforma essa passagem num ritual simbólico, onde a transformação não é imediata, mas construída com esforço, ética e coragem. A estrutura narrativa remete claramente para o modelo do "monomito" ou jornada do herói, tal como descrita por Joseph Campbell — uma descida simbólica ao mundo subterrâneo, onde a personagem principal é transformada pela experiência (Campbell, 2008).

Psicologicamente, o filme toca em vários arquétipos clássicos: a jornada da heroína, a figura da bruxa materna ambivalente (Yubaba), o ajudante silencioso e fiel (Haku), o monstro devorador que representa o vazio e a ganância (Sem-Rosto). O universo onírico de Spirited Away é, ao mesmo tempo, encantador e desconcertante — uma representação vívida do inconsciente infantil diante da transição para a autonomia. Jung viu na animação e nos mitos orientais manifestações ricas do inconsciente coletivo, onde estas figuras simbólicas representam desafios universais da formação do ego (Jung, 2016).

A animação é absolutamente artesanal, com um cuidado visual que reforça a densidade simbólica do filme. Tudo no mundo criado por Miyazaki serve a narrativa emocional: a sujidade, a lentidão, os cheiros, os rituais. Chihiro não vence com força, mas com empatia, trabalho, humildade e memória — atributos raros na ficção contemporânea. O filme valoriza a dimensão relacional e ética do crescimento — próxima das ideias de Piaget e Vygotsky, que viam o desenvolvimento da moral e da identidade como inseparáveis da interação com o outro e da interiorização das regras sociais (Piaget, 1978; Vygotsky, 2000).

A banda sonora de Joe Hisaishi é uma das mais delicadas e poderosas composições da animação moderna. Funciona como uma extensão do mundo interno de Chihiro, suportando a sua solidão, o seu espanto e a sua coragem silenciosa.

Este filme é uma carta de amor ao crescimento — com tudo o que isso implica de dor, medo e encantamento. E talvez por isso, cada vez que o vejo revela algo diferente.

Ficha Técnica:
Título original: Sen to Chihiro no kamikakushi (Spirited Away)
Ano: 2001
Realizador: Hayao Miyazaki
Principais vozes (versão original): Rumi Hiiragi, Miyu Irino, Mari Natsuki, Bunta Sugawara
Compositor: Joe Hisaishi
Duração: 125 min
Género: Animação, Fantasia, Aventura

Referências:
Campbell, J. (2008). O herói de mil faces (2.ª ed.). Pensamento-Cultrix.
Jung, C. G. (2016). O homem e os seus símbolos (3.ª ed.). Dom Quixote.
Piaget, J. (1978). O juízo moral na criança (4.ª ed.). Livros Horizonte.
Vygotsky, L. S. (2000). A formação social da mente (7.ª ed.). Martins Fontes.

Cidade De Deus

Volta e meia retorna ao leitor de DVD com o mesmo impacto da primeira vez. Cidade de Deus (2002), realizado por Fernando Meirelles e codirigido por Kátia Lund, não é apenas um marco do cinema brasileiro — é uma experiência visceral sobre o que acontece quando o contexto social suprime sistematicamente as possibilidades de escolha criando muros invisíveis.

O filme acompanha várias personagens ao longo de décadas, mas é Rocket (Alexandre Rodrigues) quem assume a função de narrador e âncora emocional. Ele representa o observador sensível, que sobrevive à violência não por força física, mas pela capacidade de ver, de narrar, de encontrar um lugar no mundo fora do ciclo de opressão. A câmara nervosa, a montagem frenética e a crueza das imagens não são meros recursos estéticos — transmitem um mundo onde o tempo psicológico é fragmentado, onde o trauma se repete como a batida de samba fora do compasso.

Do ponto de vista psicológico, Cidade de Deus é um estudo sobre a adaptação e a identidade. A favela funciona como sistema fechado, onde os papéis sociais são rapidamente definidos e dificilmente renegociáveis. Lil Zé (Leandro Firmino) é o produto brutal dessa lógica: não é apenas violento, é a encarnação da ausência total de alternativas. Já personagens como Bené ou Mané Galinha tentam, cada um à sua maneira, romper com uma espiral interminável.

Numa abordagem da psicologia humanista, encontra-se aqui a total ausência de condições facilitadoras para o crescimento: sem segurança, empatia ou congruência no meio envolvente. Carl Rogers defendia que a realização pessoal exige um ambiente com aceitação incondicional e escuta autêntica (Rogers, 2001) — algo que neste contexto social é estruturalmente negado. Nesta selva, o potencial humano sofre mutações, e o único mecanismo de adaptação é o da sobrevivência. A análise do comportamento de Lil Zé, por exemplo, pode ser enquadrada também na ótica da psicologia social e comportamental, onde os reforços contingentes da violência moldam padrões de ação previsíveis e autoperpetuantes (Skinner, 2003).

A banda sonora, com direção de Antonio Pinto e Ed Côrtes, mistura funk carioca, samba e música instrumental contemporânea, tornando-se quase uma personagem por si só — por momentos acelerado, noutros sufocado, oferecendo apenas breves momentos de leveza. Tal como o filme, é profundamente enraizada no local, mas de impacto universal.

Cidade de Deus não é um filme sobre criminosos — é sobre infância, exclusão e destino. É sobre o que acontece quando a liberdade deixa de ser uma hipótese viável. Um retrato feroz, mas com lampejos de humanidade que resistem.

Ficha Técnica:
Título original: Cidade de Deus
Ano: 2002
Realizador: Fernando Meirelles, codireção de Kátia Lund
Principais atores: Alexandre Rodrigues, Leandro Firmino, Phellipe Haagensen, Seu Jorge
Compositores: Antonio Pinto, Ed Côrtes (direção musical)
Duração: 130 min
Género: Drama, Crime

Referências:
Rogers, C. R. (2001). Tornar-se pessoa (4.ª ed.). Edições Moraes.
Skinner, B. F. (2003). Ciência e comportamento humano (3.ª ed.). Edições Gulbenkian.

O Corvo

A dor da perda, o impulso da vingança e o delírio do trauma moldam O Corvo, de Alex Proyas (1994), filme envolto em tragédia e transcendência. Brandon Lee interpreta Eric Draven, músico assassinado que regressa dos mortos guiado por um corvo, símbolo místico de passagem entre mundos. A morte da sua noiva e o seu próprio homicídio não encontram resolução — apenas retorno e fúria. É na figura do justiceiro pós-morte que o filme constrói uma metáfora sobre luto congelado, incapacidade de aceitação, e regressão obsessiva à cena traumática. A negação da perda e a fixação no momento do trauma constituem uma das manifestações mais destrutivas do luto patológico, como descreve Parkes (2000) ao abordar os processos de não-resolução emocional.

Visualmente sombrio e estilizado, o filme evoca um estado dissociativo: chuva e noite constante. A realidade é onírica e distorcida — uma representação interna do sofrimento. A cidade não existe como espaço físico, mas como reflexo da mente em colapso. Este ambiente distorcido e labiríntico aproxima-se daquilo que Bachelard descreveu como "a poética do espaço interior" — uma geografia do sofrimento psíquico (Bachelard, 1998). A vingança aqui não cura, apenas preenche um vazio com violência ritualizada, como se o ato repetido do ajuste de contas fosse a única forma de manter viva a ligação com quem já partiu.

A banda sonora, densa e melancólica, reforça o estado emocional de colapso e resistência. Não é apenas um acompanhamento — é a extensão do estado mental do protagonista. Com temas de The Cure, Nine Inch Nails, Rage Against the Machine ou Joy Division, o filme constrói um universo sonoro de dor, isolamento e raiva contida. O grunge e o pós-punk dominam, mas não como moda — como expressão autêntica de um espírito quebrado. A música traduz o vazio, a fúria e a saudade. Cada faixa parece escolhida para habitar o corpo ferido de Eric Draven.

Há um substrato psicológico claro: o filme encena o processo de negação do luto, personificando-o como uma jornada sobrenatural, onde a justiça é uma ilusão e a morte não traz paz. Neste sentido, O Corvo alinha-se com a visão junguiana da sombra — aquilo que é reprimido retorna, não como redenção, mas como desintegração violenta da alma (Jung, 2016). O Corvo é mais do que gótico — é profundamente humano na sua dor irreconciliável.

Ficha Técnica:
Título original: The Crow
Ano: 1994
Realizador: Alex Proyas
Principais atores: Brandon Lee, Ernie Hudson, Michael Wincott
Compositor: Graeme Revell (música original); bandas adicionais: The Cure, Nine Inch Nails, Joy Division, Rage Against the Machine
Duração: 102 min
Género: Fantasia sombria, Ação, Drama psicológico

Referências:

Bachelard, G. (1998). A poética do espaço (6.ª ed.). Martins Fontes.
Jung, C. G. (2016). O homem e os seus símbolos (3.ª ed.). Dom Quixote.
Parkes, C. M. (2000). Luto: Estudos sobre a perda na vida adulta (2.ª ed.). Climepsi Editores.

Longe Dela

Entre os filmes mais delicados da minha coleção, Longe Dela (Away From Her, 2006) ocupa um lugar especial. A edição em DVD foi uma descoberta importante, principalmente porque não é apenas um filme sobre a Doença de Alzheimer — é um retrato poético e brutal da erosão do vínculo, da identidade e da dignidade quando o amor é posto à prova pela desintegração do eu.

Grant (Gordon Pinsent) e Fiona (Julie Christie) são um casal que partilhou décadas de vida juntos. No entanto, com o avanço da deterioração cognitiva de Fiona, a separação deixa de ser uma escolha e torna-se uma exigência clínica. A entrada de Fiona numa instituição especializada abre um espaço doloroso, onde o passado partilhado se esbate e uma nova realidade emocional se impõe. Como afirma Petersen (2005), o défice cognitivo ligeiro representa frequentemente a linha tênue entre o esquecimento benigno e a devastação neurológica, e o filme capta precisamente esse momento liminar, onde a lucidez se confunde com a negação.

Mas Longe Dela não dramatiza o Alzheimer com grandiloquência. Pelo contrário, aposta numa contenção formal e emocional que intensifica o impacto da perda. As paisagens brancas e silenciosas do Canadá funcionam como metáfora da mente que se esvazia, da ausência de cor que acompanha o declínio mental. Fiona deixa de reconhecer

Grant, mas aproxima-se de outro paciente, num processo de "reafeto" que desafia não só a lógica racional como a ética conjugal. Bigotte de Almeida (2005) alerta para a dificuldade em distinguir envelhecimento normal de envelhecimento patológico, e o filme sublinha como essa fronteira não é apenas clínica, mas profundamente relacional e simbólica.

A resposta de Grant é o coração do filme. Não há ali heroísmo, apenas uma rendição silenciosa. A sua decisão de permitir que Fiona mantenha o novo afeto, mesmo que à sua custa, revela uma forma de amor radical, não possessivo. Ogden (2004) lembra-nos que nas doenças crónicas o ajustamento psicológico é tanto do doente quanto dos cuidadores. A saúde torna-se um processo intersubjetivo, e Grant, como cuidador, experimenta uma forma de luto antecipado — uma morte simbólica antes da perda física.

Charazac (2004) destaca que os cuidados gerontopsiquiátricos exigem não apenas técnica, mas disponibilidade emocional. Longe Dela apresenta com precisão esta dimensão ética do cuidado: os profissionais, discretos mas presentes, mantêm um espaço de dignidade e afeto, sem idealizações. A dor nunca é encenada — é acolhida. A personagem de Kristy, cuidadora próxima de Fiona, traduz essa presença silenciosa que sustenta o quotidiano do fim.

A banda sonora de Jonathan Goldsmith acompanha essa contenção. Em vez de sublinhar os momentos dramáticos, propõe uma textura musical delicada, quase impercetível, que reforça a suspensão emocional da narrativa. As melodias minimalistas funcionam como extensão da subjetividade de Grant — não nos dizem o que sentir, mas acompanham o processo de aceitação, perda e reinvenção da presença.

Longe Dela é uma meditação sobre a perda que não se pode impedir. Um filme sobre a generosidade de amar alguém que já não nos reconhece. E sobre o paradoxo do cuidado: proteger o outro pode significar deixá-lo partir. Em tempos de patologização do envelhecimento, este filme é uma elegia da dignidade humana.

Ficha Técnica:
Título original: Away From Her
Ano: 2006
Realizadora: Sarah Polley
Principais atores: Julie Christie, Gordon Pinsent, Olympia Dukakis
Compositor da banda sonora: Jonathan Goldsmith
Género: Drama psicológico, romance
Duração: 110 min

Referências:
Bigotte de Almeida, L. (2005). A Idade não Perdoa, Lisboa: Climepsi Editores.
Charazac, P. (2004). Introdução aos Cuidados Gerontopsiquiátricos. Lisboa: Climepsi Editores.
Ogden, J. (2004). Psicologia da Saúde. Lisboa: Climepsi Editores.
Petersen, R. C. (s.d.). Défice Cognitivo Ligeiro. Lisboa: Climepsi Editores.

Na América

Na América ocupa um lugar especial na minha colecção. Realizado por Jim Sheridan, é um filme de 2002 que acompanha uma família irlandesa a tentar reconstruir a vida em Nova Iorque após a perda trágica de um filho. Mais do que uma história de migração, é um retrato íntimo do luto e da possibilidade de esperança quando tudo parece perdido.

A narrativa centra-se em Johnny (Paddy Considine), Sarah (Samantha Morton) e as duas filhas, que carregam consigo a sombra da ausência do pequeno Frankie. A chegada à América não é apenas uma aventura migratória: é também a fuga a uma dor insuportável. Sofia Gabriel, Mauro Paulino e Telmo Mourinho Baptista (2018), em Luto: Manual de Intervenção Psicológica, recordam-nos que o luto pode manifestar-se de formas diversas dentro da mesma família. Em Na América, cada membro elabora a perda de forma distinta — Johnny reprime a dor em silêncio, Sarah tenta ser sustentáculo de esperança, e as crianças, com a sua imaginação, transformam a ausência numa presença viva.

Mas o filme não é só sobre a perda de um filho. É também sobre o exílio. León e Rebeca Grinberg (1998), em Migração e Exílio: Estudo Psicanalítico, descrevem como o migrante vive num estado de perda dupla: a terra natal e o projeto de vida que foi interrompido. Em Na América, a experiência migratória reforça a vulnerabilidade da família, mas também abre espaço para um novo território simbólico, onde a dor pode ser reinscrita. A chegada a um bairro pobre de Nova Iorque, com vizinhos de origens diversas, funciona como espelho da busca de pertença e identidade.

A personagem de Mateo (Djimon Hounsou), o vizinho solitário e doente, torna-se catalisador desta transformação. É através do encontro com ele que a família encontra permissão para chorar, rir e recomeçar. Alba Payás Puigarnau (2014), em A Mensagem das Lágrimas, defende que as lágrimas não são sinal de fraqueza, mas de reparação. O filme traduz esta ideia em imagens de grande intensidade: chorar não apaga a perda, mas cria espaço para a vida se reorganizar.

A banda sonora de Gavin Friday e Maurice Seezer reforça este clima de delicadeza. Entre temas suaves e tonalidades quase etéreas, a música acompanha as emoções como uma respiração, permitindo que a dor e a esperança coexistam. Não há melodrama excessivo — apenas um fio melódico que sustenta a vulnerabilidade das personagens.

Na América é um hino silencioso ao poder da resiliência. Mostra-nos que o luto não termina com o esquecimento, mas com a capacidade de transformar a dor em memória viva. A América não é apenas o país estrangeiro: é o espaço interior onde se pode voltar a acreditar.

Ficha Técnica:
Título original: In America
Ano: 2002
Realizador: Jim Sheridan
Principais atores: Paddy Considine, Samantha Morton, Djimon Hounsou, Sarah Bolger, Emma Bolger
Compositor da banda sonora: Gavin Friday & Maurice Seezer
Género: Drama psicológico, familiar
Duração: 105 min

Referências:

Gabriel, S., Paulino, M., & Baptista, T. M. (Coord.). (2018). Luto: Manual de Intervenção Psicológica. Lisboa: Climepsi Editores.
Grinberg, L., & Grinberg, R. (1998). Migração e Exílio: Estudo Psicanalítico. Lisboa: Climepsi Editores.
Payás Puigarnau, A. (2014). A Mensagem das Lágrimas: Guia para lidar com o luto. Lisboa: Verso de Kapa.

O Escafandro E A Borboleta

Entre os títulos cuidadosamente alinhados na minha coleção física, há obras que não apenas contam uma história — transformam o modo como a escutamos. O Escafandro e a Borboleta (2007), realizado por Julian Schnabel, é uma dessas experiências raras: uma viagem profundamente interna, contida num corpo imóvel, mas com uma mente que grita por expressão.

O filme adapta a autobiografia de Jean-Dominique Bauby, ex-editor da revista Elle, que após um acidente vascular sofreu um locked-in syndrome — consciente, lúcido, mas apenas capaz de mover um olho (Bauby, 2008).

A narrativa é filtrada pela sua perceção subjetiva. A câmara, literalmente colocada dentro do olho que pisca, mergulha-nos no campo visual limitado de Bauby. A claustrofobia não é induzida pela montagem, mas pela própria condição neurológica do protagonista. E o espanto é que, mesmo nesse confinamento radical, o filme encontra uma voz — múltiplas vozes, na verdade. Porque a mente, aqui, não se resigna: reinventa-se.

Do ponto de vista psicológico, a jornada é devastadora e, simultaneamente, inspiradora. A impossibilidade motora não apaga o sujeito — apenas o força a ressignificar-se. O filme é, assim, uma narrativa de reconstrução identitária. E nesse movimento, surgem ecos da psicologia construtivista: Jean-Dominique reconstrói o mundo com os poucos instrumentos que lhe restam — memória, imaginação, afeto. À maneira de Piaget (1999), reorganiza simbolicamente a realidade, superando as limitações objetivas através da plasticidade da mente (Bruner, 2002). Essa resiliência narrativa e emocional remete também às ideias de António Damásio sobre a consciência como processo enraizado no corpo e nas emoções — mesmo quando o corpo falha, a consciência narrativa persiste (Damásio, 2010).

A abordagem narrativa é também uma forma de resistência: uma defesa contra o aniquilamento psicológico. A voz-off do protagonista, por vezes irónica, outras vezes amarga, nunca se entrega ao desespero absoluto. E aí reside a força do filme: não é uma celebração forçada da superação, mas uma contemplação realista, honesta, do sofrimento — sem vitimização, sem heroísmo fácil. Apenas presença.

Há também uma dimensão psicossomática, subtil mas intensa. O corpo paralisado torna-se símbolo daquilo que a psique já vinha tentando conter: um homem preso na imagem de sucesso, agora forçado a confrontar fragilidades e relações quebradas. O escafandro, metáfora do peso físico da doença, contrasta com a leveza da borboleta — símbolo da imaginação e da liberdade interior (Jung, 2007; Winnicott, 2005). Essa dialética entre peso e leveza, prisão e voo, corpo e mente, estrutura toda a obra.

A banda sonora, com escolhas delicadas como "La Mer" de Charles Trenet ou os temas minimalistas de Paul Cantelon, atua quase como uma extensão emocional da subjetividade de Bauby. Cada melodia carrega uma memória, um afeto suspenso. É a música como evocação da vida passada — e da vida ainda possível.

Visualmente, Julian Schnabel opta por uma estética sensível, orgânica, respeitando o tempo interno da personagem. Não há pressa em contar — há cuidado em mostrar como se sente. O uso de luz, de desfocos, de imagens sobrepostas, recria uma mente viva que ainda sonha, ainda ama, ainda escreve. A cena em que Bauby dita o livro piscando o olho — letra a letra — torna-se uma das maiores afirmações de autonomia já vistas em cinema. A escrita, aqui, é ato de identidade.

No plano hermenêutico, o filme encena o confronto entre finitude e liberdade. E o que permanece, apesar de tudo, é a possibilidade de narrar. Mesmo quando tudo o resto falha, a história resiste.

Ficha Técnica:
Título original: Le Scaphandre et le Papillon
Ano: 2007
Realização: Julian Schnabel
Principais atores: Mathieu Amalric, Emmanuelle Seigner, Marie-Josée Croze
Compositor: Paul Cantelon
Duração: 112 min
Género: Drama biográfico / Psicológico / Contemplativo

Referências:
Bauby, J.-D. (2008). O Escafandro e a Borboleta. Lisboa: Edições ASA.
Piaget, J. (1999). A Formação do Símbolo na Criança. Lisboa: Livros Horizonte.
Bruner, J. (2002). Atos de Significado. Lisboa: Edições 70.
Jung, C. G. (2007). O Homem e os seus Símbolos. Lisboa: Edições 70.
Freud, S. (2006). O Ego e o Id. Lisboa: Relógio D'Água.
Winnicott, D. W. (2005). O Brincar e a Realidade. Lisboa: Gradiva.
Damasio, A. R. (2010). O Livro da Consciência. Lisboa: Gradiva.

O Meu Nome É Alice

Entre os filmes que repousam na minha prateleira, há títulos que não se impõem pela grandiosidade, mas pelo murmúrio com que invocam as nossas fragilidades mais íntimas. O Meu Nome É Alice, que adquiri em DVD há alguns anos, é um desses. Um filme que parece esperar por nós — por um tempo calmo, por um espaço interior aberto — para então tocar, com delicadeza, naquilo que mais tememos perder: a consciência de sermos quem somos.

Alice Howland é professora universitária de Linguística. Uma mulher cuja vida foi construída com palavras, e que se vê subitamente traída por elas. A linguagem, que outrora era o seu instrumento de identidade, transforma-se no primeiro sintoma da perda. É no desaparecimento dos nomes, das referências e da memória imediata que começa o seu declínio — um declínio que não é físico, mas profundamente narrativo.

A psicologia do envelhecimento tem alertado para estes sinais iniciais, muitas vezes silenciosos, que surgem na Doença de Alzheimer de início precoce (Ribeiro & Paúl, 2010). O filme retrata com precisão o momento em que Alice, ainda lúcida, percebe que está a perder o fio da sua própria história — e é essa lucidez que torna tudo mais trágico.

À medida que o enredo avança, vemo-la tentar manter alguma forma de coesão: post-its, agendas, gravações. São tentativas desesperadas de preservar o self através da memória episódica. A verdade é que, como descreve Damásio (2010), a consciência não se reduz à função cognitiva: é uma construção emocional, corporal e narrativa. Alice, mesmo com a mente a falhar, sente que algo está errado — e tenta, com dignidade, manter-se à tona. O momento em que deixa instruções a si própria para o "dia em que não souber mais quem é" é de uma brutalidade silenciosa.

Do ponto de vista simbólico, o que está em causa não é apenas a doença, mas a anulação subjetiva de um sujeito ativo. A sociedade, mesmo em silêncio, empurra Alice para a margem. Constança Paúl (2005) alerta que o estigma associado à deterioração cognitiva precoce afeta não só a perceção externa do sujeito, mas a sua própria autoestima e sentido de pertença. Alice não é ainda idosa, mas já é tratada como se fosse. E essa desautorização é mais cruel do que o esquecimento.

A banda sonora de Ilan Eshkeri acompanha esse processo com uma subtileza comovente. Ao invés de dramatizar, o compositor opta por uma estrutura quase minimalista, como se as notas fossem ecos distantes de memórias desvanecidas. A música, por vezes quase inaudível, é mais presença emocional do que comentário narrativo. Surge como se tentasse preservar o que resta de Alice — o silêncio entre as palavras.

No plano familiar, o impacto da doença é sísmico. Como refere Maria da Graça Pereira (2007), a adaptação à doença crónica — especialmente nas demências — não depende apenas do doente, mas da resiliência do sistema familiar. A personagem do marido representa essa ambiguidade entre a negação e o desgaste. Já os filhos oscilam entre a compaixão e o medo de herdarem a mesma sentença genética.

Do ponto de vista clínico, a especificidade do Alzheimer de início precoce é devastadora. Segundo Firmino (2005), estas formas da doença atingem pessoas em plena vida ativa, em fase produtiva e familiarmente integrada — e por isso mesmo o seu impacto é tão profundo. O diagnóstico surge como um luto antecipado, como um processo de laceramento invisível. Alice sabe que está a desaparecer. E mesmo assim tenta manter a dignidade — até à última palavra.

No final do filme, quando Alice diz apenas "Amor", já desarticulada, mas ainda presente, temos a confirmação de que o afeto pode resistir à dissolução cognitiva. É uma palavra simples, mas que se torna imensa — porque é ela que sobrevive à perda narrativa.

O Meu Nome É Alice não é apenas um drama sobre doença. É um filme sobre o apagamento simbólico, sobre o medo de deixar de ser alguém com nome, memória e enredo. A personagem de Alice recorda-nos que, mesmo quando as palavras falham, há traços de identidade que resistem. Como se o amor, no seu núcleo mais essencial, fosse a última âncora de quem somos.

Ficha Técnica:
Título original: Still Alice
Ano: 2014
Realizador: Richard Glatzer, Wash Westmoreland
Principais atores: Julianne Moore, Alec Baldwin, Kristen Stewart
Compositor da banda sonora: Ilan Eshkeri
Género: Drama psicológico
Duração: 101 min

Referências:
Damásio, A. (2010). O Livro da Consciência: A construção do cérebro consciente. Lisboa: Gradiva.
Firmino, H. (Ed.). (2005). Guia prático de psiquiatria geriátrica. Lisboa: Climepsi.
Paúl, C. (2005). Envelhecer em Portugal – Psicologia, saúde e prestação de cuidados. Lisboa: Climepsi.
Pereira, M. G. (2007). Psicologia da saúde familiar: Aspetos teóricos e investigação. Lisboa: Climepsi.
Ribeiro, O. & Paúl, C. (2010). Avaliação neuropsicológica no envelhecimento e demência. Lisboa: Climepsi.

O Rei Leão

Entre os títulos mais emblemáticos da minha coleção, O Rei Leão (1994), realizado por Roger Allers e Rob Minkoff, ocupa um lugar singular. Muito para além de um sucesso da Disney ou de um conto animalizado sobre realeza e traição, o filme ergue-se como uma narrativa arquetípica de crescimento e perda, com ressonâncias claras na tragédia clássica, na psicologia do desenvolvimento e na estrutura do herói mitológico.

Simba, o jovem leão destinado a suceder ao seu pai Mufasa, embarca numa jornada de exílio e regressos, atravessando fases de fuga, alienação e reconhecimento. Quando, após a morte do pai, Simba se refugia na selva e adota a filosofia do "Hakuna Matata", o que está em jogo não é apenas uma mudança de estilo de vida. Trata-se de um afastamento simbólico do Eu. A selva funciona como espaço transicional, como descreve Winnicott (1971), onde o sujeito se refugia do trauma e da culpa, evitando o confronto com a dor.

O sentimento de culpa de Simba remete para mecanismos de dissociação e repressão típicos da infância traumática. Tal como Piaget (1936) indicava, a forma como a criança organiza a causalidade interna pode levar a atribuições egocêntricas de responsabilidade. Simba, sentindo-se causador da morte do pai, interrompe a sua trajetória de desenvolvimento emocional e social. A fuga torna-se mecanismo de adiamento do luto, como descrito por Bowlby (1980).

A estrutura narrativa é, inequivocamente, uma jornada do herói conforme delineada por Joseph Campbell (1949): chamada à aventura, recusa, mentor (Rafiki), provacção e retorno. Mas, mais do que cumprir um percurso mitológico, Simba cumpre um processo de individuação junguiana (Jung, 1954): a integração dos aspetos reprimidos, o confronto com a sombra (Scar), o reencontro com o pai simbólico (Mufasa), e a assunção do seu papel como adulto.

A figura de Rafiki é fundamental. Ele representa o arquétipo do velho-sabedor, mediador entre os mundos, o que permite a passagem do simbólico para o real. A sua frase, "o passado pode doer, mas podemos fugir dele ou aprender com ele", é uma síntese perfeita do pensamento humanista de Carl Rogers (1961): a mudança é possível através da consciência e da aceitação emocional.

A banda sonora de Hans Zimmer, aliada às canções de Elton John e Tim Rice, não são meros adornos. Funcionam como verdadeiros catalisadores emocionais, orquestrando o ritmo interno do espectador com o percurso simbólico da narrativa. A sequência da morte de Mufasa é um dos exemplos mais poderosos de cinema sensorial: uma cena que marca gerações pela intensidade emocional e capacidade de expressar o luto através de som e imagem.

No desfecho, o regresso de Simba ao reino e a tomada do trono representa a reconciliação com o passado e a assunção plena do Eu. O ciclo fecha-se, mas não com restauração da ordem antiga: com uma nova maturidade. "O Rei Leão" é, assim, uma fábula profunda sobre a perda, a identidade e o regresso simbólico à origem.

Ficha Técnica:
Título Original: The Lion King
Ano: 1994
Realização: Roger Allers, Rob Minkoff
Principais Vozes (versão original): Matthew Broderick, James Earl Jones, Jeremy Irons
Compositor: Hans Zimmer
Duração: 88 min
Género: Animação, Drama, Aventura

Referências:
Bowlby, J. (1980). Loss: Sadness and depression. London: Hogarth Press.
Campbell, J. (1949). O Herói de Mil Faces. Lisboa: Gradiva.
Jung, C. G. (1954). Aion: Estudos sobre o Simbolismo do Si-mesmo. Lisboa: Edições 70.
Piaget, J. (1936). A linguagem e o pensamento da criança. Lisboa: Edições 70.
Rogers, C. (1961). Tornar-se Pessoa. Lisboa: Edições 70.
Winnicott, D. W. (1971). O Brincar e a Realidade. Lisboa: Relógio D'Água.

O Túmulo Dos Pirilampos

O Túmulo dos Pirilampos (Hotaru no Haka, 1988), realizado por Isao Takahata e produzido pelo Studio Ghibli, ocupa um lugar singular na minha coleção: uma obra que transcende o seu formato animado para se tornar num dos mais dolorosos retratos da condição humana em tempos de guerra. Sem ceder a romantismos ou fábulas redentoras, o filme apresenta-se como uma elegia sobre a perda, a fome, e a dissolução do vínculo social.

A narrativa segue Seita e Setsuko, dois irmãos empurrados para a marginalidade num Japão devastado pela Segunda Guerra Mundial. A morte precoce da mãe, a ausência prolongada do pai e a hostilidade de familiares e desconhecidos reduzem o mundo à relação fraterna. Este não é um filme sobre heróis: é um filme sobre resistência silenciosa.

Takahata opta por uma linguagem visual austera, sem ornamentos nem consolos narrativos. A beleza da animação contrasta com a crueldade das situações, intensificando o desconforto. O quotidiano é retratado com rigor quase documental, expondo não apenas a fome, mas também a indiferença. Cada interação é um estudo sobre o fracasso da empatia.

Do ponto de vista psicológico, "O Túmulo dos Pirilampos" pode ser lido como um retrato do trauma infantil complexo. Setsuko, ainda pequena, funciona como projeção da "criança interior" de Seita (Jung, 1954), um fragmento de inocência que este procura preservar. A degradação da irmã e a sua morte não representam apenas uma perda familiar, mas o colapso simbólico da possibilidade de futuro. Em termos psicodinâmicos, poderíamos observar em Seita sinais de dissociação emocional e negação ativa, num esforço para preservar um "eu" funcional no meio do colapso (Freud, 1920/2010).

Na perspetiva da psicologia comportamentalista, o filme ilustra um desaparecimento sistémico de reforços sociais positivos (Skinner, 1953). A indiferença da comunidade à dor infantil revela uma falha total da contingência empática. O comportamento pró-social é extinto pela ausência de recompensa e pela presença constante de punição e ameaça.

No plano existencial, aproxima-se de uma visão trágica onde a morte não é um clímax, mas um esbatimento. Thanatos, o impulso de morte descrito por Freud (1920), manifesta-se aqui de forma coletiva, através da omissão, da inércia, do esquecimento social. O filme não aponta culpados fáceis — mostra uma estrutura inteira em colapso.

A banda sonora de Michio Mamiya é contida, quase espectral. Em vez de emocionar diretamente, amplifica o vazio. A secura sonora nas cenas mais duras deixa o espectador entregue à imagem e ao peso simbólico. Quando Setsuko brinca com comida imaginária, o silêncio torna-se ensurdecedor.

E no entanto, há ternura. Há memória. Há uma resistência frágil que sobrevive à catástrofe. Como um pirilampo que brilha por segundos antes de desaparecer, este filme permanece, silenciosamente, dentro de nós.

Ficha Técnica:
Título original: Hotaru no Haka
Realização: Isao Takahata
Ano: 1988
Banda sonora: Michio Mamiya
Género: Animação
Duração: 89 min

Referências:
Freud, S. (2010). Para além do Princípio do Prazer (Obras Completas, Vol. 18). Lisboa: Relógio D'Água. (Original publicado em 1920)
Jung, C. G. (1954). Psicologia e Alquimia. Lisboa: Edições 70.
Skinner, B. F. (1953). Ciência e Comportamento Humano. São Paulo: Editora Mestre Jou.

A Vida Não É Um Sonho

Poucos filmes na minha coleção possuem o peso avassalador de Requiem for a Dream. Darren Aronofsky constrói aqui uma descida às profundezas da adição, onde a esperança se transmuta em ruína e o sonho em pesadelo. É um filme que não se vê impunemente: fica preso à pele, tal como a fissura fica gravada no corpo e na mente dos protagonistas.

A história de Harry, Marion, Tyrone e Sara não é apenas sobre drogas, mas sobre o vazio que estas procuram preencher. Como lembra José Pedro Sequeira em As Origens Psicológicas da Toxicomania (1999), a dependência não é somente biológica, mas também uma forma de resposta ao mal-estar existencial, uma tentativa falhada de regular a dor, a solidão ou o desamparo. Aronofsky traduz isto em imagens cortantes, em montagens rápidas que espelham a urgência do consumo e o colapso subsequente.

O filme, porém, não se limita ao retrato individual: expõe o contágio familiar e social da adição. Sylvie e Pierre Angel, em Os Toxicómanos e Suas Famílias (2000), sublinham como a dependência destrói vínculos, arrastando pais, filhos e parceiros para dinâmicas de codependência, culpa e silêncio. Sara, a mãe de Harry, simboliza esse lado: o comprimido para emagrecer que se transforma em obsessão é também uma fuga à solidão de uma velhice sem pertença. Não há heroína ou crack que supere a necessidade de reconhecimento e afeto.

O luto atravessa toda a narrativa. Não apenas o luto da perda concreta, mas o luto simbólico dos sonhos esmagados. Colin Murray Parkes, Pittu Laungani e Bill Young, em Morte e Luto Através das Culturas (1997), explicam como o luto pode assumir formas desviantes, quando a perda é negada ou anestesiada. Os protagonistas de Requiem for a Dream vivem nesse território: incapazes de elaborar o vazio, procuram suprimí-lo quimicamente, mas apenas o amplificam. Cada gesto de consumo é um ritual de morte adiada.

A música de Clint Mansell, interpretada pelo Kronos Quartet, é talvez o elemento mais devastador do filme. O tema Lux Aeterna tornou-se um ícone de desespero e obsessão: repete-se como uma espiral hipnótica, marcando a degradação dos corpos e das mentes. Não há redenção na sua cadência — apenas um crescendo que nos arrasta para o mesmo abismo que os personagens habitam.

No fim, Requiem for a Dream não oferece salvação. Deixa-nos com a imagem crua do corpo em posição fetal, reduzido à sua essência mais vulnerável. É o cinema como ferida aberta, onde cada espectador é obrigado a confrontar-se com a sua própria fragilidade. A vida não é um sonho — mas pode tornar-se um pesadelo quando o vazio não encontra outro modo de ser habitado.

Ficha Técnica:
Título original: Requiem for a Dream
Ano: 2000
Realizador: Darren Aronofsky
Principais atores: Jared Leto, Jennifer Connelly, Ellen Burstyn, Marlon Wayans
Compositor da banda sonora: Clint Mansell (Kronos Quartet)
Género: Drama psicológico
Duração: 102 min

Referências:

Parkes, C. M., Laungani, P., & Young, B. (1997). Morte e Luto Através das Culturas. Lisboa: Climepsi Editores.
Sequeira, J. P. (1999). As Origens Psicológicas da Toxicomania. Lisboa: Climepsi Editores.
Angel, S., & Angel, P. (2000). Os Toxicómanos e Suas Famílias. Lisboa: Climepsi Editores.

Up - Altamente

Entre os títulos mais inesperados da minha coleção, Up – Altamente, destaca-se como uma dessas raras animações que envelhecem connosco. A sua capa colorida pode enganar: por trás da leveza do traço, esconde-se uma reflexão profunda sobre perda, envelhecimento e renascimento emocional. Um filme que, visto em diferentes momentos da vida, revela sempre algo novo — ou algo que não estávamos prontos para ver.

Carl Fredricksen, um viúvo octogenário, transforma a sua casa num balão voador para cumprir uma promessa antiga à falecida esposa: chegar às Cataratas do Paraíso. A sua aventura, porém, é menos geográfica e mais simbólica. Trata-se de um voo através do luto, da rigidez emocional e da recusa em aceitar o presente.

Carl é a imagem do idoso que ficou suspenso entre a memória e a perda de sentido. Como refere Constança Paúl, o envelhecimento não é apenas uma questão física, mas "uma reorganização interna da vida" (Manual de Gerontologia, 2009). O que Up propõe é essa reorganização, ainda que feita a bordo de uma casa flutuante.

O início do filme, uma sequência silenciosa que condensa décadas de vida conjugal em minutos, é um dos momentos mais comoventes da história da animação. Ali reside a verdadeira ferida de Carl: não a morte da esposa, mas o silêncio que se seguiu. O luto, como descrevem Parkes, Laungani e Young (Morte e Luto Através das Culturas, 2000), é um processo que exige ritualização, narrativa e simbolização — e Carl, fechado na sua casa, preso à sua cadeira e à sua rotina, recusa tudo isso. A sua missão torna-se, sem que o saiba, um processo de elaboração simbólica da perda.

A chegada do pequeno escuteiro Russell representa o confronto entre o passado e o presente, entre a rigidez do velho e a espontaneidade da infância. Russell, também ele órfão emocional, funciona como catalisador para a reabertura afetiva de Carl. É neste reencontro com o cuidado, a proteção e a escuta que se reativa o vínculo humano — numa dinâmica que Roger Fontaine associa à "preservação das competências emocionais na velhice" (Psicologia do Envelhecimento, 1995).

A banda sonora de Michael Giacchino funciona como fio emocional entre as cenas, sendo particularmente eficaz na sua simplicidade melódica. As notas suaves e repetitivas acompanham as memórias de Carl, reforçando a sensação de tempo suspenso. Nas cenas de maior conflito interno, a ausência de palavras é compensada por esta presença sonora discreta mas impactante.

O maior mérito de Up está em abordar a velhice como transformação, e não como fim. A casa que Carl carrega pelos céus, como se fosse o seu passado materializado, acaba por ser libertada — uma das imagens mais fortes do filme. Ao deixar a casa voar, Carl abdica do peso da memória literal, sem trair o seu amor. Porque, como o próprio filme sugere, os vínculos continuam — mas precisam de espaço para se reescrever.

Ficha Técnica:
Título original: Up
Ano: 2009
Realizador: Pete Docter
Principais atores (vozes originais): Ed Asner, Jordan Nagai, Christopher Plummer
Compositor da banda sonora: Michael Giacchino
Género: Animação, drama psicológico, aventura
Duração: 96 min

Referências:
Paúl, C. (2009). Manual de Gerontologia. Lisboa: Climepsi Editores.
Parkes, C. M., Laungani, P., & Young, B. (2000). Morte e Luto Através das Culturas. Lisboa: Climepsi Editores.
Fontaine, R. (1995). Psicologia do Envelhecimento. Lisboa: Climepsi Editores.

Vive

Entre os filmes que repousam na minha prateleira, Vive – Breathe é um dos que mais me surpreendeu pela delicadeza com que trata o impensável: viver sem corpo, mas não sem vontade. O DVD, discreto, quase passa despercebido entre outros títulos mais ruidosos. E no entanto, basta revê-lo para perceber que há ali uma intensidade rara — não dramática, mas interior. Uma força que nasce da contenção.

Robin Cavendish era jovem, apaixonado e cheio de futuro quando a poliomielite o deixou paralisado do pescoço para baixo. O prognóstico era curto: meses de vida. O filme acompanha o que acontece quando alguém recusa esse destino e, sem negar a realidade, transforma-a. O que está em causa aqui não é superação no sentido clássico — mas reconstrução do self com os fragmentos que restam. Como sublinha Rui Gonçalves (2011), a identidade pessoal não é um dado fixo, mas uma narrativa que se reescreve à luz das experiências-limite.

É nesse ponto que o amor se torna estruturante. Diana, a esposa, não aparece como mártir, mas como presença estável, prática, emocionalmente disponível. O vínculo entre os dois não é idealizado — é construtivo. Como escreveu Sêneca, "o maior bem que podemos fazer por aqueles que amamos é continuar a viver com coragem" (Sêneca, 1997). Essa coragem é partilhada, e nela reside a verdadeira intimidade: a de existir juntos na adversidade, sem máscaras.

Robin não aceita a clausura do hospital. Com engenho, apoio e resiliência, transforma a sua imobilidade numa afirmação de autonomia. A luta não é contra a doença, mas contra a desumanização que tantas vezes acompanha a dependência física. Ao criar, com a ajuda do engenheiro Teddy Hall, um respirador portátil, Robin reivindica o direito de viver fora do confinamento — fora da narrativa da invalidez. Esse gesto é profundamente político. E profundamente humano.

O filme evoca também o papel do corpo na construção da consciência. Quando o corpo falha, não é apenas a mobilidade que se perde — é uma parte da própria presença no mundo. Como lembra Damásio (1995), o sentimento de identidade está enraizado na experiência corporal; somos, em larga medida, o que o corpo nos permite sentir. E quando esse sentir é alterado radicalmente, é preciso reorganizar o sentido da própria existência.

Mas talvez a nota mais surpreendente da narrativa seja a ausência de ressentimento. O que encontramos não é revolta — é ação. Um movimento contínuo de adaptação e abertura ao possível. Há aqui uma aproximação clara à psicologia positiva. Robin não é um otimista ingénuo. É alguém que, perante a inevitabilidade, escolhe investir nos vínculos, na liberdade criativa e no legado afetivo. Como defende Martin Seligman (2004), a felicidade não se constrói na ausência de dor, mas na capacidade de atribuir significado ao que se vive.

A música de Nitin Sawhney acompanha esta travessia com contenção emocional. Não há dramatismo nem sublinhado forçado. Apenas camadas subtis de som que sustentam o silêncio, os gestos, os olhares. A banda sonora funciona como prolongamento da respiração — ora mecânica, ora simbólica — que guia todo o filme.

No fim, não é a doença que define Robin, mas a escolha de continuar. A escolha de viver sem disfarçar a fragilidade. O filme deixa-nos com uma inquietação serena: o que nos resta quando perdemos tudo o que julgávamos essencial? Talvez reste o essencial verdadeiro — a liberdade de aceitar os limites, sem deixar de agir dentro deles.

Ficha Técnica:
Título original: Breathe
Ano: 2017
Realizador: Andy Serkis
Principais atores: Andrew Garfield, Claire Foy, Tom Hollander
Compositor da banda sonora: Nitin Sawhney
Género: Drama biográfico, psicológico
Duração: 117 min

Referências:
Damásio, A. (1995). O erro de Descartes. Lisboa: Gradiva.
Gonçalves, R. A. (2011). Construção da identidade pessoal. Lisboa: Climepsi.
Sêneca. (1997). Cartas a Lucílio. Lisboa: Edições 70.
Seligman, M. E. P. (2004). Felicidade autêntica. Lisboa: Edições 70.

Capítulo 3: Mundos Alternativos E O Limite Da Realidade

Nem tudo o que é real é visível. E nem tudo o que é visível é confiável. Este capítulo reúne filmes que desafiam a lógica do mundo tal como o conhecemos — histórias onde a realidade se fragmenta, se distorce ou se transforma num labirinto mental, espacial ou temporal.

São obras que obrigam o espectador a perder o chão, a abandonar certezas, a colocar em causa a própria perceção. Aqui, a ciência, o sonho, a tecnologia ou a loucura servem de portas para realidades paralelas ou alternativas, onde os limites entre o dentro e o fora, o eu e o outro, o tempo e o espaço, se tornam maleáveis.

Mais do que ficções futuristas ou experiências visuais, estes filmes são ensaios sobre o que significa habitar um mundo que já não oferece garantias. E no meio do caos, a pergunta insiste: se a realidade pode ser manipulada, o que resta da nossa identidade?

12 Macacos

Situado entre um futuro distópico e um passado caótico, 12 Macacos, realizado por Terry Gilliama, acompanha James Cole, um prisioneiro enviado ao passado para descobrir a origem de um vírus que dizimou a humanidade. Esta premissa de ficção científica serve apenas de ponto de partida para uma viagem tortuosa pela condição humana. Nada é linear. O tempo desfaz-se e refaz-se. O que parece loucura pode ser lucidez. E o que parece destino pode ser apenas repetição.

Gilliam conduz-nos num labirinto de perceções, onde o protagonista tenta, em vão, escapar ao ciclo que já foi vivido. A narrativa está estruturada como uma espiral — uma imagem que remete tanto para as teorias da psicologia construtivista de Piaget, onde o conhecimento é sempre uma reinterpretação progressiva da realidade (Piaget, 1978), quanto para o eterno retorno de Nietzsche, ideia segundo a qual a vida se repete infinitamente até que se encontre a aceitação do seu peso e sentido (Nietzsche, 2007).

A experiência subjetiva de Cole é marcada por dúvidas ontológicas: "Sou eu que deliro, ou o mundo é que já não faz sentido?" Essa confusão remete para as fronteiras ténues entre psicose e consciência expandida — algo abordado na fenomenologia de Jaspers (1997), onde o delírio é menos um erro e mais uma forma radical de organização do mundo vivido.

A presença da Dra. Kathryn Railly (Madeleine Stowe), psiquiatra cética, torna-se fundamental. A sua transição de profissional racional para cúmplice emocional é uma espécie de ponte entre a clínica e a empatia rogeriana. O amor que nasce entre os dois não redime, mas humaniza. Para Rogers (2001), a empatia profunda não é apenas uma técnica — é a possibilidade de ver o outro no seu sofrimento sem julgá-lo, oferecendo um espaço de reconhecimento.

A banda sonora de Paul Buckmaster sublinha o tom inquietante da narrativa com uma sonoridade de tango distorcido — como se a realidade dançasse permanentemente entre a lógica e o absurdo. A música principal, inspirada em Suite Punta del Este, de Astor Piazzolla, é obsessiva, hipnótica, quase claustrofóbica, refletindo o aprisionamento interno do protagonista.

O final, ao contrário de fechar, abre. Abre à possibilidade de que o tempo não cura — repete. De que o trauma, individual ou coletivo, não desaparece — mascara-se. E de que o futuro talvez não exista para ser mudado, mas apenas vivido, de olhos abertos e com a sabedoria que o passado nos ensinou.

Ficha Técnica:
Título original: 12 Monkeys
Ano: 1995
Realizador: Terry Gilliam
Principais atores: Bruce Willis, Madeleine Stowe, Brad Pitt
Compositor: Paul Buckmaster
Duração: 129 min
Género: Ficção científica, Thriller psicológico

Referências:
Jaspers, K. (1997). Psicopatologia geral (7.ª ed.). Martins Fontes.
Nietzsche, F. (2007). A gaia ciência (5.ª ed.). Relógio D'Água.
Piaget, J. (1978). O juízo moral na criança (4.ª ed.). Livros Horizonte.
Rogers, C. R. (2001). Tornar-se pessoa (4.ª ed.). Edições Moraes.

2001: Odisseia No Espaço

2001: Odisseia no Espaço (1968), de Stanley Kubrick, é um desses filmes que resiste a qualquer leitura definitiva. Mas talvez seja justamente por isso que continua a crescer em cada visita: é uma obra que se transforma consoante o olhar — e que desafia, subtilmente, o lugar do humano na vastidão cósmica.

A estrutura narrativa do filme é fragmentada, quase como capítulos de um mito moderno. Desde a aurora da humanidade até ao nascimento de uma nova forma de consciência, Kubrick guia-nos por um percurso que é tanto físico quanto metafísico. O monólito — presença enigmática e recorrente — é o eixo silencioso da narrativa. Aparece sem explicação, transforma tudo à sua volta, e desaparece. Não representa uma entidade, mas uma interrupção — um chamamento ao salto evolutivo (Nietzsche, 2007).

A sequência inicial, "The Dawn of Man", é quase um ensaio comportamental. O uso de ferramentas, a violência territorial, a organização social rudimentar — Skinner poderia observar aqui os primeiros reforços de poder e controle sobre o ambiente (Skinner, 2003). Mas há também algo de jungiano neste momento: o surgimento do ego através da ação, a emergência do domínio sobre o instinto, e o símbolo do osso como instrumento e arma — arquétipo da tecnologia primitiva (Jung, 2007).

HAL 9000, a inteligência artificial que governa a nave Discovery, é um dos personagens mais perturbadores do cinema. A sua voz calma e lógica contrasta com o desmoronar progressivo da sua racionalidade. HAL não enlouquece — entra em conflito entre ordens inconciliáveis, o que, numa leitura psicopatológica, poderia remeter para uma dissociação operacional (Damásio, 2010).

O medo de falhar, combinado com a impossibilidade de agir com transparência, gera uma reação destrutiva. É um espelho escuro da própria mente humana.

Do ponto de vista da psicologia construtivista, o percurso do astronauta Dave Bowman pode ser lido como uma reconstrução identitária em ambiente extremo (Piaget, 2001). Isolado, sem referência humana, ele atravessa a experiência como um sujeito que se reorganiza — não mais no tempo linear, mas num espaço simbólico onde o nascimento e a morte se tornam simultâneos. A sequência final, muitas vezes interpretada como surrealista, pode também ser entendida como um processo de ressignificação simbólica do self, no momento em que a consciência supera os limites do biológico (Bruner, 2008).

A banda sonora, uma das mais emblemáticas da história do cinema, não foi composta originalmente para o filme — mas a curadoria musical de Kubrick é magistral. A escolha de Also Sprach Zarathustra de Richard Strauss (inspirada na obra de Nietzsche) e os valses de Johann Strauss colocam o espectador entre o sublime e o familiar, entre o cósmico e o humano. A ausência de som em certas sequências é igualmente essencial — o silêncio do espaço como metáfora do vazio entre significado e insignificância.

No fundo, 2001 não pretende explicar. Sugere. E nesse gesto reside o seu poder. É um filme que se recusa a sublinhar respostas, mas convida o espectador a tornar-se parte da viagem. Um cinema de contemplação ativa, onde cada plano é uma pergunta, e cada silêncio, um espelho. O nascimento da "criança das estrelas" no final não encerra — reabre. E talvez seja essa a odisseia: olhar para o desconhecido e aceitar que a consciência é, sempre, um processo inacabado.

Ficha Técnica:
Título original: 2001: A Space Odyssey
Ano: 1968
Realização: Stanley Kubrick
Argumento: Stanley Kubrick, Arthur C. Clarke
Elenco principal: Keir Dullea, Gary Lockwood, William Sylvester, Douglas Rain.
Banda sonora: Composições clássicas de Richard Strauss, Johann Strauss II, György Ligeti e Aram Khachaturian
Duração: 149 minutos
Género: Ficção científica, drama existencial, cinema filosófico

Referências:
Bruner, J. (2008). A Construção Narrativa da Realidade. Porto: Edições Afrontamento.
Damasio, A. R. (2010). O Erro de Descartes. Lisboa: Gradiva.
Jung, C. G. (2007). O Homem e os Seus Símbolos. Lisboa: Edições 70.
Nietzsche, F. (2007). Assim Falava Zaratustra. Lisboa: Relógio D'Água.
Piaget, J. (2001). A Formação do Símbolo na Criança. Lisboa: Livros Horizonte.
Skinner, B. F. (2003). Ciência e Comportamento Humano. Lisboa: Edições 70.

A Esfera

Um género que me fascina desde que me lembro é a ficção científica. No meio da estante onde compulsivamente organizo os meus DVDs está a Esfera (1998).

Realizado por Barry Levinson, este thriller psicológico (disfarçado de ficção científica) desenrola-se nas profundezas do oceano e da mente humana.

O enredo parte de uma premissa clássica: uma equipa multidisciplinar é chamada a investigar uma nave espacial aparentemente extraterrestre, submersa há séculos no fundo do mar. Mas rapidamente se percebe que a verdadeira ameaça não está na nave, mas nos próprios membros da equipa — nos seus medos, desejos reprimidos e na forma como o inconsciente se manifesta quando colocado sob pressão extrema. O cenário fechado e o isolamento acentuam o regresso de conteúdos psíquicos primitivos, como defendia Jung na sua teoria sobre o inconsciente coletivo, onde arquétipos profundos ganham forma e expressão sob estímulo emocional intenso (Jung, 2016).

Do ponto de vista psicológico, o filme mergulha precisamente nessa ideia do inconsciente coletivo e no poder da imaginação humana quando confrontada com o desconhecido. Os protagonistas, interpretados por Dustin Hoffman (um psicólogo cético), Sharon Stone (uma bióloga marcada por um trauma passado) e Samuel L. Jackson (um matemático brilhante mas enigmático), acabam por ser os seus próprios antagonistas — vítimas das projeções mentais que ganham forma real. É o retorno do reprimido — fenómeno descrito por Freud como uma manifestação simbólica do que foi recalcado mas que retorna com força desorganizante quando os mecanismos de defesa falham (Freud, 2006).

A esfera dourada e hipnotizante, encontrada na nave, funciona como catalisador simbólico desta projeção psíquica. É uma imagem arquetípica do mistério, do poder não nomeado, do contacto com o sagrado ou o abissal. A sua presença muda tudo — mas não por ação direta, e sim pelo que desperta em cada um.

A banda sonora de Elliot Goldenthal reforça a tensão crescente e o ambiente de clausura, com composições densas e quase claustrofóbicas que acentuam o isolamento, a paranoia e a quebra da racionalidade.

Levinson, mais conhecido por dramas como Rain Man, aqui arrisca num registo diferente, mas mantém o foco nas fragilidades emocionais e nas contradições internas das personagens.

Esfera não é um clássico incontornável, mas merece o lugar na estante pelos temas que levanta: o medo como motor criativo e destrutivo, a fragilidade da psique humana em contextos extremos, e o abismo que pode existir entre o que somos e o que imaginamos. É uma obra que, vista hoje, continua a levantar questões sobre a natureza do real, da consciência e da responsabilidade sobre aquilo que criamos — mesmo que apenas com o pensamento.

Ficha Técnica:
Título original: Sphere
Ano: 1998
Realizador: Barry Levinson
Principais atores: Dustin Hoffman, Sharon Stone, Samuel L. Jackson, Liev Schreiber
Compositor: Elliot Goldenthal
Duração: 134 min
Género: Ficção científica, Thriller psicológico

Referências:
Freud, S. (2006). Inibição, sintoma e angústia (4.ª ed.). Relógio D'Água.
Jung, C. G. (2016). O homem e os seus símbolos (3.ª ed.). Dom Quixote.

Ad Astra

Entre os filmes que exploram o espaço como metáfora da mente, Ad Astra ocupa um lugar especial. Não apenas pela ambição visual, mas pela sua contenção emocional — uma jornada cósmica que se revela, no fundo, um mergulho no inconsciente de um homem em colapso.

Roy McBride (Brad Pitt) é um astronauta treinado para a contenção total. O seu batimento cardíaco permanece estável mesmo perante o perigo iminente. Esta estabilidade aparente esconde, no entanto, um distanciamento afetivo profundo, próximo da alexitimia — a dificuldade em reconhecer e expressar emoções. Como descrito no DSM-5-TR (APA, 2023), esta condição não é apenas um sintoma isolado, mas um padrão de funcionamento defensivo, muitas vezes desenvolvido em contextos de vinculação emocional disfuncional. Roy é o filho de um herói ausente: o lendário astronauta Clifford McBride, dado como morto numa missão aos confins do sistema solar.

A jornada que o leva a reencontrar esse pai é também o confronto com a sua ferida primordial. A ausência do pai tornou-se um vazio interior que Roy tentou preencher com desempenho técnico e racionalidade extrema. Mas como explica António Damásio, no seu estudo sobre a relação entre corpo, emoção e consciência, "a razão não existe isolada" (Damásio, 2011): é a emoção que orienta o sentido da ação humana. Roy é um homem racionalmente eficaz, mas emocionalmente deserto. A missão obriga-o a abandonar esse deserto interno.

No plano simbólico, Ad Astra pode ser lido através da lente de Carl Gustav Jung. A viagem ao espaço é também uma viagem ao inconsciente, ao "lado sombrio da lua", onde residem os arquétipos reprimidos. O pai, tornado ídolo e fantasma, encarna o arquétipo do velho sábio, mas também o da sombra — o que ameaça e desestabiliza. Como explica Jung (2001), só confrontando a sombra é possível integrar o self. Roy precisa de desmistificar o pai para se encontrar a si mesmo.

Assoun (2002) observa que os destinos da pulsão estão ligados à capacidade de simbolizar o trauma. No caso de Roy, a repressão afetiva é um escudo contra a dor da rejeição. A confrontação final com Clifford McBride — frio, solitário, obcecado — revela não só o fracasso do ideal paterno, mas a possibilidade de renúncia. Roy escolhe não seguir o mesmo destino. Escolhe voltar. Esse gesto de retorno, de reconexão, é o início da cura.

Alain Jézéquel (2021) escreve que o trauma precisa de encontrar território simbólico para se reinscrever. O espaço sideral, aqui, torna-se esse território: lugar de silêncio, de vazio e de possibilidade de ressignificação. A solidão cósmica transforma-se em espaço de escuta interior.

A banda sonora, assinada por Max Richter, acentua essa dimensão espiritual. Em vez de espetacularidade, opta-se por uma música lenta, quase meditativa, que acompanha o estado emocional da personagem. Em momentos-chave, a música torna-se quase inaudível — como se desse lugar ao silêncio necessário para o reencontro com o self.

Ad Astra é, no fundo, uma narrativa sobre o retorno. Sobre a necessidade de desmontar os mitos que nos formaram para podermos viver de forma mais inteira. Roy regressa à Terra com uma nova consciência: a de que viver é, também, aprender a sentir.

Ficha Técnica:
Título original: Ad Astra
Ano: 2019
Realizador: James Gray
Principais atores: Brad Pitt, Tommy Lee Jones, Ruth Negga
Compositor da banda sonora: Max Richter
Género: Ficção científica, drama existencial
Duração: 123 min

Referências:
APA – American Psychiatric Association. (2023). DSM-5-TR: Manual de Diagnóstico e Estatístico das Perturbações Mentais (5.ª ed. rev.). Lisboa: Climepsi Editores.
Assoun, P.-L. (2002). A Metapsicologia: As três vias de acesso ao inconsciente. Lisboa: Climepsi Editores.
Damásio, A. (2011). O Erro de Descartes: Emoção, razão e o cérebro humano. Lisboa: Gradiva.
Jung, C. G. (2001). O Homem e os Seus Símbolos. Mem Martins: Publicações Europa-América.
Jézéquel, A. (2021). Memórias de Território. Lisboa: Climepsi Editores.

I.A. - Inteligência Artificial

I.A. – Inteligência Artificial surge como um espelho das inquietações humanas projetadas no futuro. Realizado por Steven Spielberg, a partir de um projeto inacabado de Stanley Kubrick, o filme inscreve-se numa linha de obras que interrogam não apenas o que pode ser a inteligência artificial, mas sobretudo aquilo que revela de nós próprios — os nossos afetos, medos e esperanças.

David, o menino-robô capaz de amar, não é tanto uma fantasia tecnológica, mas antes uma figura de abandono e procura de pertença. A sua jornada, marcada pela tentativa de recuperar o amor da mãe, ressoa diretamente com a fragilidade humana diante da perda. Rygaard (2000) lembra, em A Criança Abandonada, que a identidade se constrói a partir de vínculos de cuidado e segurança — e David, sendo uma criação artificial, encarna justamente a ausência dessa base, vivendo uma orfandade ontológica.

A psicanálise também encontra aqui um campo fértil. Golse (1997), em Do Corpo ao Pensamento, sublinha como o desenvolvimento emocional se ancora na experiência corpórea. David, enquanto corpo sintético, rompe essa lógica: é pensamento e afeto sem carne verdadeira, o que torna a sua angústia ainda mais pungente. Spielberg filma-o como ser demasiado humano para ser máquina e demasiado máquina para ser humano — dilema que toca o cerne do conceito lacaniano de objeto a, um desejo impossível de satisfazer.

Do lado cognitivo, Spitzer (2002) em Aprendizagem explora como o cérebro aprende através da interação contínua com o mundo. David é concebido como máquina que aprende, mas sem a plasticidade do erro humano — ele repete incessantemente a procura de amor, incapaz de criar novas rotas emocionais. Aqui, a inteligência artificial mostra o seu limite: aprende regras, mas não ressignifica afetos.

A obra de Freitas-Magalhães (2024), A Psicologia e a Inteligência Artificial: Cérebro, Face e Emoção, acrescenta atualidade ao debate. A questão da expressão facial e do reconhecimento emocional é central em A.I.: David sorri, chora, olha com ternura, mas os humanos ao redor percebem sempre uma fissura entre gesto e verdade. Essa "quase emoção" evoca um inquietante estranhamento (uncanny valley) que nos obriga a questionar se a emoção é apenas um padrão codificado ou um fluxo vivo da consciência.

O DSM-5-TR (APA, 2023) pode aqui ser evocado de forma simbólica. Não estamos perante um humano diagnosticável, mas o sofrimento de David — repetitivo, rígido, centrado numa ideia fixa — remete para a estrutura obsessiva e para a impossibilidade de luto. Spielberg constrói, assim, não um tratado sobre máquinas, mas uma metáfora da perturbação humana: a incapacidade de aceitar a perda e a necessidade quase delirante de manter vivo o objeto amado.

A música de John Williams acompanha este percurso com delicadeza e solenidade, misturando ternura e tragédia. A sua banda sonora enfatiza o paradoxo central do filme: uma máquina que deseja ser amada como humano. Sons etéreos, quase angelicais, contrastam com passagens mais sombrias, lembrando-nos que a promessa tecnológica nunca apaga a vulnerabilidade essencial que nos constitui.

No final, o que permanece não é a tecnologia, mas a imagem de um filho que deseja ser amado por uma mãe — eco do mito de Pinóquio, mas também daquilo que Frankl (2011), em O Homem em Busca de um Sentido, chamaria de procura última de significado. Em David, o futuro encontra o seu limite: uma máquina que nos devolve a pergunta fundamental — o que significa ser humano?

Ficha Técnica:
Título original: A.I. Artificial Intelligence (2001).
Realizador: Steven Spielberg.
Principais atores: Haley Joel Osment, Jude Law, Frances O'Connor.
Compositor: John Williams.
Género: Ficção científica, drama.
Duração: 146 minutos.

Referências:
American Psychiatric Association. (2023). DSM-5-TR – Manual de Diagnóstico e Estatístico das Perturbações Mentais (5.ª ed. rev.). Lisboa: Climepsi Editores.
Freitas-Magalhães, A. (2024). A Psicologia e a Inteligência Artificial: Cérebro, Face e Emoção. Porto: UFP Press.
Golse, B. (1997). Do Corpo ao Pensamento. Lisboa: Climepsi Editores.
Rygaard, N. P. (2000). A Criança Abandonada. Lisboa: Climepsi Editores.
Spitzer, M. (2002). Aprendizagem. Lisboa: Climepsi Editores.
Frankl, V. (2011). O Homem em Busca de um Sentido (trad. port.). Lisboa: Presença.

Blade Runner: Perigo Iminente

Há filmes que não são apenas obras culturais, mas territórios extensos de reflexão. Blade Runner (1982) é um desses. Não se assiste, habita-se. Entra-se como quem cruza uma cidade molhada, de noite, sem saber exatamente o que procura.

O futuro, aqui, é sujo, sobrecarregado, nostálgico. Los Angeles, 2019. A promessa tecnológica envelheceu depressa. Humanos e replicantes cruzam-se em becos escuros, sob letreiros luminosos e chuvas intermináveis. A grande pergunta paira: o que nos torna humanos?

Rick Deckard, caçador de androides, vai lentamente perdendo a certeza da sua missão — e talvez da sua própria identidade. O filme joga com a fronteira da consciência, sem nos oferecer respostas fáceis. Cada personagem é uma alegoria do medo da obsolescência: de ser descartável, de ter sido programado para morrer sem deixar rasto. Essa tensão existencial remete para a filosofia de Heidegger: o ser-para-a-morte como condição inevitável da consciência (Heidegger, 2008).

Inspirado livremente na obra Do Androids Dream of Electric Sheep?, de Philip K. Dick, o filme transporta a inquietação filosófica da literatura para o ecrã, trocando a narrativa literal por uma experiência sensorial. A pergunta sobre o que nos torna humanos está ligada ao modo como construímos a nossa identidade a partir de experiências emocionais — e, nesse ponto, a psicologia humanista encontra eco. Rogers (2001) defendia que a perceção subjetiva da experiência é a base da identidade pessoal, mesmo que essa experiência seja ilusória ou condicionada.

Rachael, a replicante que acredita ser humana, carrega memórias implantadas. É impossível não ver aqui um reflexo do modo como todos, em alguma medida, contamos histórias a nós mesmos para suportar a realidade. As memórias que definem quem somos nem sempre são reais — mas são sentidas com a mesma intensidade. Esta fragilidade da memória como suporte do eu foi trabalhada por autores como Bruner (2002), que via na construção narrativa uma das formas mais humanas de atribuição de sentido.

A banda sonora de Vangelis é mais do que um fundo sonoro: é o pulso do filme. Sintetizadores atmosféricos, texturas líquidas, melodias que parecem suspensas entre o tempo e a emoção. Tudo vibra num registo quase espiritual, acentuando a sensação de que estamos num sonho lúcido, melancólico e artificial.

Blade Runner não envelhece. Ou, melhor dizendo, envelhece como nós — sem certezas, agarrado a fragmentos. É um filme sobre o fim: das coisas, das ideias, das pessoas. E sobre a beleza que há nisso tudo.

Ficha Técnica:
Título original: Blade Runner
Ano: 1982
Realizador: Ridley Scott
Principais atores: Harrison Ford, Rutger Hauer, Sean Young, Edward James Olmos
Compositor: Vangelis
Duração: 117 min (versão original), 117–117+ min (várias versões)
Género: Ficção científica, Neo-noir, Drama existencial

Referências:
Bruner, J. (2002). A construção narrativa da realidade (2.ª ed.). Edições 70.
Heidegger, M. (2008). Ser e tempo (13.ª ed.). Vozes.
Rogers, C. R. (2001). Tornar-se pessoa (4.ª ed.). Edições Moraes.

Cubo

Entre as caixas alinhadas da minha coleção física, há um filme que é, ele próprio, uma caixa sem chave. Cube (1997), de Vincenzo Natali, não apresenta grandes cenários nem orçamentos exuberantes. E no entanto, o que constrói é um inferno geométrico — um dispositivo de contenção onde o espaço físico é também mental.

Um ensaio sobre a paranoia, a desconfiança, o pânico — e o lado mais frágil e perigoso da psique humana.

O enredo é minimalista: sete estranhos acordam dentro de um cubo. Não sabem como chegaram ali. Cada sala cúbica pode ser letal, e apenas uma combinação lógica — quase matemática — permite seguir em frente.

Mas seguir para onde? O filme não responde. Porque Cube não é sobre fuga. É sobre permanência. Sobre como o ser humano lida com o absurdo quando todos os alicerces da identidade e da lógica social são removidos.

Do ponto de vista psicológico, o filme é uma metáfora radical para o comportamento em contextos extremos de incerteza e isolamento. "A ausência de regras claras, a imprevisibilidade dos perigos e a aleatoriedade da existência fazem emergir os traços mais primitivos do comportamento humano" (Laing, 2001). A confiança torna-se um luxo. A empatia, um risco. E a cooperação, uma construção tão frágil como o equilíbrio emocional das personagens.

Cada figura é mais do que um indivíduo: é um arquétipo funcional, revelando mecanismos psíquicos distintos. O polícia autoritário que colapsa para a psicopatia. A jovem dotada para a matemática mas incapaz de se impor. O homem com deficiência intelectual que, na sua pureza, se apercebe do padrão. O cínico, o altruísta, o passivo. Todos eles juntos num espaço onde o tempo parece suspenso, e a única constante é a repetição — o eterno retorno, não de Nietzsche como potência criadora, mas como esgotamento do sentido.

Há aqui uma leitura construtivista silenciosa: "apenas quem é capaz de abstração lógica e de raciocínio formal avança" (Piaget, 1997). As fases operatórias ganham literalidade na sobrevivência. Mas, em contrapartida, as emoções não se apagam — elas desintegram. O comportamento do grupo lembra os estudos de Milgram e Zimbardo, em versão concentrada: "a autoridade emerge, a violência instala-se, o medo torna-se motor" (Milgram, 2004; Zimbardo, 2008).

Do ponto de vista psicopatológico, o filme mergulha progressivamente no delírio — "o colapso de Quentin é uma aula sobre dissociação paranoide com delírios de controlo" (Freud, 2006). Não há monstros, mas há pulsões — e as paredes não se mexem, mas os vínculos estilhaçam. "O Cubo não mata com armadilhas — mata com o desespero de não saber para quê continuar" (Jung, 2007).

A ausência de banda sonora contínua reforça essa desorientação. Há sons mecânicos, ruídos agudos, ressonâncias metálicas — tudo o que ecoa de um espaço que não foi feito para acolher. A rarefação musical é, neste caso, emocionalmente letal. "A tensão não precisa de ser sugerida — já está em cada olhar" (Damasio, 2010).

No final, não há explicações. E esse é o ponto. O Cube não quer ser decifrado. Quer ser sentido. Quer que o espectador sinta o mesmo que as personagens: a ausência de sentido como prisão. É talvez por isso que este filme — aparentemente pequeno — permanece tão intenso. Porque o verdadeiro cubo não está no cenário. Está na mente.

Ficha Técnica:
Titulo Original: Cube
Ano: 1997
Realização: Vincenzo Natali.
Atores Principais: Maurice Dean Wint, Nicole de Boer, David Hewlett.
Género: Ficção científica / Terror psicológico.
Duração: 90 min.

Referências:
Damasio, A. R. (2010). O Erro de Descartes. Lisboa: Gradiva.
Freud, S. (2006). O Ego e o Id. Lisboa: Relógio D'Água.
Jung, C. G. (2007). O Homem e os seus Símbolos. Lisboa: Edições 70.
Laing, R. D. (2001). A Política da Experiência. Lisboa: Edições 70.
Milgram, S. (2004). Obediência à Autoridade. Lisboa: Relógio D'Água.
Piaget, J. (1997). Seis Estudos de Psicologia. Lisboa: Edições 70.
Zimbardo, P. (2008). O Efeito Lúcifer: Como Pessoas Boas Se Tornam Más. Lisboa: Edições 70.

Interstellar

Entre os títulos de ficção científica da minha prateleira, Interstellar, de Christopher Nolan, ocupa um lugar especial — não pela escala épica, mas pela precisão com que transforma distância em afeto. É um filme sobre o cosmos, sim, mas sobretudo sobre a dor da separação e a persistência dos vínculos humanos quando já nada parece palpável.

Cooper (Matthew McConaughey) é, antes de tudo, pai. A sua missão espacial só se justifica à luz daquilo que Viktor Frankl (2006) chamaria de "sentido existencial": a responsabilidade perante os outros como bússola da ação. Não parte para salvar o mundo — parte para salvar os filhos. E é precisamente esse gesto que transforma a viagem cósmica num percurso de resgate emocional.

Murph, a filha, é mais do que um elo afetivo. Ela é o futuro, mas também a memória. O tempo, aqui, não é cronológico — é psicológico. A relação entre tempo e afeto, tal como apresentada no filme, remete para a noção piagetiana de que o tempo não é dado — é construído. Segundo Piaget (1985), a criança aprende a organizar o tempo a partir da experiência vivida, o que ecoa na estrutura do filme: o que é vivido, mesmo a distâncias incomensuráveis, permanece afetivamente presente quando existe sentido. O "Tesseract", onde Cooper comunica através da estante, é mais do que um artifício de ficção: é uma representação visual do inconsciente freudiano (Freud, 2003), onde os afetos reprimidos encontram uma via simbólica para emergir.

A ausência é constante — mas não é vazia. Pelo contrário, torna-se o espaço fértil onde o amor é reconstruído. Segundo Bowlby (1998), a separação só é tolerável quando há um vínculo seguro que resiste ao tempo. É disso que trata Interstellar: de como o amor resiste, mesmo quando o tempo o desorganiza. E é talvez isso que leva Nolan a sugerir — sem dizer — que o amor pode ser, sim, uma força real, mensurável não pelos instrumentos da ciência, mas pela resiliência emocional que gera.

A banda sonora de Hans Zimmer amplia esta dimensão espiritual. O uso do órgão de tubos, os silêncios, e a contenção sonora transmitem a reverência pelo desconhecido, num registo que lembra aquilo que Jung descreveu como o "numinoso" — a experiência de ser tocado por algo maior que o eu (Jung, 2006). Há uma espiritualidade sem religião, uma fé sem dogma, ancorada apenas na ideia de que o afeto tem gravidade.

Interstellar não oferece soluções fáceis. Mas propõe uma equação emocional onde a presença não exige proximidade, e o tempo não apaga — transforma. No fim, o que fica não é a viagem espacial, mas a memória do gesto: a escolha de permanecer ligado, mesmo quando tudo em volta se desfaz.

Ficha Técnica:
Interstellar
Ano: 2014
Realização: Christopher Nolan
Atores principais: Matthew McConaughey, Anne Hathaway, Jessica Chastain
Compositor: Hans Zimmer
Duração: 169 min
Género: Ficção científica, drama

Referências:

Bowlby, J. (1998). Apego e perda: Volume I – Apego (2.ª ed.). Lisboa: Edições 70. (Obra original publicada em 1969)

Frankl, V. E. (2006). O homem em busca de um sentido (37.ª ed.). Lisboa: Presença. (Obra original publicada em 1946)

Freud, S. (2003). A interpretação dos sonhos (3.ª ed.). Lisboa: Relógio D'Água. (Obra original publicada em 1900)

Jung, C. G. (2006). Psicologia e religião (7.ª ed.). Lisboa: Edições 70. (Obra original publicada em 1958)

Piaget, J. (1975). A formação do símbolo na criança (2.ª ed.). Lisboa: Livros Horizonte. (Obra original publicada em 1950)

Laranja Mecânica

Laranja Mecânica impõe-se como um filme essencialmente perturbador. Não apenas pelo impacto visual e sonoro, mas pela densidade simbólica com que atravessa décadas sem perder a força. É daqueles filmes que regressam como um espelho sujo quando limpa — demasiado nítido para ser ignorado. A edição que possuo, simples, austera, é quase contraditória face ao turbilhão moral e psicológico que o filme contém.

Kubrick adapta o romance de Anthony Burgess e cria uma experiência estética e ética desconcertante. Alex DeLarge (Malcolm McDowell) é o protagonista absoluto — carismático, violento, hipernarrado. Ele não é um vilão clássico, mas uma alegoria ambulante da pulsão. Um adolescente que encontra prazer estético na violação, na agressão e na ultraviolência, ao som de Beethoven. A narrativa, contudo, vai além do retrato do mal juvenil — interessa-se mais pelo que a sociedade faz com esse mal quando decide reeducá-lo.

O projeto Ludovico — um processo de "cura" baseada em condicionamento aversivo — retira a Alex a sua capacidade de escolha. O comportamento desviante é eliminado à força, mas também a sua autonomia. Esta inversão brutal levanta a grande questão do filme: é preferível um indivíduo livre para fazer o mal ou um ser condicionado a fazer o bem? É uma pergunta que toca diretamente no conceito de liberdade moral e na crítica à engenharia social. Como observa Skinner (1971), ao falar do comportamento humano como passível de manipulação operante, a fronteira entre educação e controlo torna-se perigosamente ténue.

Psicologicamente, Alex encarna a expressão pura do id freudiano — prazer imediato, ausência de culpa, negação da consequência. A terapia Ludovico, por sua vez, atua como um super ego artificial, implantado à força, castrador e desumanizante. O resultado é um sujeito incapaz de agir por vontade própria — um corpo obediente mas emocionalmente amputado. Freud (1923) já advertia para os efeitos destrutivos de um superego excessivamente punitivo, associando-o à perda do desejo e à supressão psíquica.

Há também um subtexto de dissociação e despersonalização. A violência de Alex não parece nascer de uma história de trauma, mas de uma disfunção mais profunda: uma desconexão emocional da realidade e dos outros. Como sugeriria Damasio (1994), a ausência de sentimento moral pode estar ligada a falhas na integração entre emoção e decisão — e Alex representa essa falha tornada espetáculo.

A banda sonora de Wendy Carlos é parte essencial dessa experiência. Ao reinterpretar Beethoven com sintetizadores, cria uma atmosfera que tanto hipnotiza como perturba. A música, para Alex, é um prazer sublime — e a sua associação forçada à violência, durante o tratamento, transforma essa arte em tortura. O que era dele — íntimo, pessoal — torna-se arma contra si. O colapso emocional é total.

No final, Alex reaparece "curado" da cura. E sorri. Esse sorriso final é a nota mais ambígua da obra — um gesto de ironia absoluta, que devolve a personagem ao ponto de partida, e o espectador à angústia de não saber se houve justiça, ou apenas um ciclo reiniciado. Kubrick não oferece moral — oferece espelhos partidos.

Ficha Técnica:
Título original: A Clockwork Orange
Ano: 1971
Realizador: Stanley Kubrick
Principais atores: Malcolm McDowell, Patrick Magee, Adrienne Corri
Compositor: Wendy Carlos (arranjos e composições adicionais)
Género: Ficção distópica, drama psicológico
Duração: 137 min

Referências:

Carlos, W. (1971). A Clockwork Orange: Soundtrack.
Damasio, A. R. (1994). O erro de Descartes: emoção, razão e o cérebro humano. Lisboa: Publicações Europa-América.
Freud, S. (1923). O ego e o id. Lisboa: Edições 70.
Kubrick, S. (Realizador). (1971). Laranja Mecânica [Filme]. Warner Bros.
Skinner, B. F. (1971). Além da liberdade e da dignidade. Lisboa: Climepsi Editores.

Os Filhos Do Homem

Entre os filmes que repousam nas minhas prateleiras, poucos me impressionaram tanto, à primeira visualização, como Os Filhos do Homem.

O DVD permanece entre os títulos mais revisitados da minha coleção, não só pela densidade temática, mas por aquele desconforto teimoso que persiste mesmo depois do genérico final. Um desconforto que não vem da ficção distópica, mas de algo mais fundo: a perceção de que o mundo representado ali não está tão longe quanto gostaríamos.

A narrativa apresenta um futuro assombrado pela infertilidade global: há dezoito anos que nenhum humano nasce, e o planeta mergulha num colapso político, ambiental e emocional. O Reino Unido, último bastião da ordem, transformou-se num estado policial hostil a refugiados, e o protagonista Theo (Clive Owen) surge como um homem desencantado, arrastado por um passado trágico e um presente sem propósito. Esta esterilidade biológica ganha contornos simbólicos: trata-se também de uma esterilidade espiritual e emocional.

A psicopatologia latente nesta distopia é evidente. Theo carrega sintomas de uma perturbação depressiva de tipo distímico: anedonia, apatia, cansaço existencial crónico, e uma forma particular de despersonalização que o dissocia da esperança. Como descrito no DSM-5-TR (APA, 2023), estes sintomas moldam um funcionamento psíquico voltado para a sobrevivência, mas desprovido de desejo. É esta estagnação vital que a personagem de Kee (a jovem grávida) vem subverter. O reencontro com o possível futuro rasga, em Theo, uma brecha na couraça emocional.

O inconsciente de Theo parece reativar-se perante esta nova possibilidade de sentido. Como afirma Melo (2017), o inconsciente não está fora do corpo, mas no centro do seu funcionamento emocional e perceptivo. É a partir deste reencontro com o futuro que o protagonista inicia um processo de reconexão com a pulsão vital. A violência externa do mundo à sua volta contrasta com este despertar interno. O nascimento do bebê, em plena guerra urbana, é a imagem-chave do filme: uma epifania silenciosa em meio ao caos.

A narrativa evoca uma leitura metapsicológica: Theo é atravessado por forças pulsionais reprimidas, cujo retorno está associado ao contacto com o feminino, a criação e a vulnerabilidade. Assoun (2002) sublinha como os destinos da pulsão estão ligados à capacidade simbólica de transformar a dor em sentido. Theo começa por recusar este papel, mas acaba por se tornar figura de mediação entre o presente cínico e o futuro possível. É neste sentido que o filme se transforma numa reflexão sobre o trauma coletivo e a capacidade de renarrar a história.

Jézéquel (2021) defende que o trauma só encontra cura quando encontra território simbólico onde ser reinscrito. Os Filhos do Homem propõe essa reinscrição: do desespero nasce um novo mito, o da sobrevivência através da fragilidade. O filme sugere que é no feminino, na maternidade e na solidariedade que reside o futuro. Não como solução simplista, mas como possibilidade de deslocar o olhar.

A banda sonora de John Tavener é decisiva nesta construção emocional. Utilizando harmonias sacras e dissonâncias lentas, Tavener cria uma atmosfera de lamento e transcendência. A música eleva as imagens a um plano simbólico superior, funcionando como contraponto à brutalidade do mundo retratado. Em sequências-chave, como o momento do nascimento ou o breve cessar-fogo quando os soldados veem o bebê, a música reforça o caráter epifânico desses instantes. A melodia não comenta a ação: consagra-a.

Os Filhos do Homem é uma elegia sobre o fim e o recomeço. Um retrato da esterilidade contemporânea, mas também um manifesto pela reconstrução simbólica da esperança. Num mundo sem futuro, o milagre não é o nascimento em si, mas a capacidade de voltar a cuidar da vida.

Ficha Técnica:
Título original: Children of Men
Ano: 2006
Realizador: Alfonso Cuarón
Principais atores: Clive Owen, Julianne Moore, Clare-Hope Ashitey
Compositor da banda sonora: John Tavener
Género: Ficção distópica, drama psicológico
Duração: 109 min

Referências:

APA – American Psychiatric Association. (2023). DSM-5-TR: Manual de Diagnóstico e Estatístico das Perturbações Mentais (5.ª ed. rev.). Lisboa: Climepsi Editores.

Assoun, P.-L. (2002). A Metapsicologia: As três vias de acesso ao inconsciente. Lisboa: Climepsi Editores.

Jézéquel, A. (2021). Memórias de Território. Lisboa: Climepsi Editores.

Melo, J. C. (2017). O Inconsciente está no Cérebro. Lisboa: Climepsi Editores.

Paprika

Paprika é um daqueles títulos que, mesmo anos após a primeira visualização, continuam a desestabilizar o eixo da realidade. Guardado na prateleira entre outras obras-primas da animação japonesa, o DVD carrega consigo uma promessa: a de um mergulho num território onde sonho e vigília se entrelaçam de forma irreversível. Não é apenas ficção científica ou fantasia visual; é um manifesto sobre o poder e o perigo da imaginação humana.

O realizador Satoshi Kon constrói uma narrativa onde a fronteira entre inconsciente e realidade é corroída pela tecnologia. O dispositivo central — o DC Mini — permite entrar nos sonhos das pessoas, mas também expõe o espaço onírico a invasões, distorções e manipulações. Como lembra Pontalis (2016), os sonhos são "janelas" para a verdade psíquica, mas também para a intrusão e o desmantelamento da identidade, quando violados. Em Paprika, o onírico deixa de ser refúgio privado para se tornar território de disputa.

A personagem-título, Paprika, é a persona lúdica e ousada da psiquiatra Atsuko Chiba. Esta cisão identitária pode ser lida à luz do que Mijolla e Mijolla-Mellor (2015) descrevem como a tensão constante entre o eu social e o eu secreto — um mecanismo defensivo e criativo que, quando perturbado, abre caminho a fenómenos dissociativos. As sequências em que a narrativa se dissolve em cascatas de imagens surrealistas não são mero virtuosismo técnico; são manifestações visuais da perda de coerência simbólica.

No fundo, o filme articula uma reflexão sobre a culpa e a sua capacidade de moldar o imaginário. Grinberg (2007) descreve como a culpa, quando não elaborada, se infiltra no material onírico, distorcendo-o, repetindo-o, até que o sujeito encontre um caminho de elaboração ou se perca nele. É precisamente o risco que Paprika coloca em cena: o de um inconsciente contaminado por impulsos não integrados, tornado arma contra si próprio.

Visualmente, a obra é um turbilhão de metáforas, com a famosa "parada" onírica — um desfile carnavalesco de objetos, bonecos, deuses e máquinas — a funcionar como condensação simbólica de um inconsciente saturado de estímulos culturais e resíduos emocionais.

A justaposição do riso e do grotesco, do infantil e do ameaçador, reforça o carácter ambivalente dos conteúdos reprimidos.

A banda sonora de Susumu Hirasawa é uma extensão da própria experiência onírica. Com recurso a texturas eletrónicas, vozes sintetizadas e padrões repetitivos, a música cria um espaço auditivo hipnótico, oscilando entre o encantamento e a inquietação. Não é apenas acompanhamento — é uma camada narrativa que reforça o caráter cíclico, labiríntico e por vezes claustrofóbico do mundo de Paprika.

Mais do que um simples exercício estético, Paprika é um ensaio cinematográfico sobre a permeabilidade da mente. Um alerta para a fragilidade das fronteiras internas, num tempo em que a tecnologia ameaça não só a privacidade dos nossos sonhos, mas a própria integridade do eu.

Ficha Técnica:
Título original: Paprika
Ano: 2006
Realizador: Satoshi Kon
Principais atores (vozes): Megumi Hayashibara, Toru Furuya, Akio Otsuka
Compositor da banda sonora: Susumu Hirasawa
Género: Animação, ficção científica, drama psicológico
Duração: 90 min

Referências:
Pontalis, J. B. (2016). Janelas. Lisboa: Climepsi Editores.
Mijolla, A., & Mijolla-Mellor, S. (2015). Psicanálise. Lisboa: Climepsi Editores.
Grinberg, L. (2007). Culpa e Depressão. Lisboa: Climepsi Editores.

Perdido Em Marte

Entre os filmes que tenho na minha coleção, Perdido em Marte distingue-se pela forma como transforma uma situação-limite em metáfora da resistência psíquica. Não é apenas um filme de ficção científica; é um retrato da resiliência humana, do confronto com a solidão e da fronteira entre a esperança e o desespero.

Mark Watney (Matt Damon), deixado sozinho em Marte após uma missão abortada, encarna uma luta simultaneamente científica e existencial, onde a sobrevivência depende tanto da engenhosidade técnica quanto da força interior.

O isolamento extremo de Watney expõe os dilemas centrais da psicopatologia contemporânea. O DSM-5-TR (APA, 2023) descreve como perturbações depressivas podem emergir em contextos de perda prolongada, impotência ou isolamento. No entanto, o filme sugere que a depressão, ainda que possível, pode ser combatida através da ação significativa — o cultivo das batatas em Marte funciona como metáfora de ligação simbólica com a vida, um gesto de esperança concreta contra a aniquilação do vazio.

Ivandro Soares Monteiro (2010), em Depressão, lembra-nos que esta não é apenas uma doença da tristeza, mas uma suspensão do futuro. Watney recusa essa suspensão: transforma cada dificuldade em problema técnico, cada ameaça em cálculo a resolver. Não nega a dor, mas inscreve-a no movimento da ação. É precisamente este fio de continuidade que o mantém vivo.

Por outro lado, Michel Delbrouck (2004), ao falar da Síndrome de Exaustão, sublinha o risco de desgaste extremo quando o sujeito é confrontado com exigências constantes, sem tempo de recuperação. O corpo e a mente de Watney oscilam nessa linha: entre a engenhosidade e o colapso, entre a energia criativa e o cansaço devastador de quem não pode baixar a guarda. A sua sobrevivência depende da capacidade de gerir esse equilíbrio frágil, lembrando-nos que a exaustão é tão letal quanto a falta de oxigénio.

A narrativa funciona, assim, como um laboratório da mente humana em situações-limite: o espaço marciano não é apenas físico, mas também interior. É o deserto da solidão, onde cada gesto de resistência tem um peso simbólico redobrado. A ficção científica aqui não serve para nos afastar, mas para aproximar-nos do essencial: como se vive quando o futuro parece impossível?

A banda sonora de Harry Gregson-Williams, alternada com uma inesperada seleção de êxitos disco dos anos 70, constrói uma tensão singular. A música eletrónica atmosférica reforça o silêncio marciano, enquanto a ironia da disco recorda que, mesmo diante da tragédia, a humanidade insiste em rir de si mesma. É neste contraste que o filme encontra a sua vibração mais autêntica — um equilíbrio entre leveza e gravidade, entre humor e desespero.

No final, Perdido em Marte não é apenas a história de um homem que regressa à Terra. É o testemunho de como a mente humana pode reinventar-se diante do abismo, mostrando que, mesmo em Marte, o maior território a conquistar continua a ser o da própria resistência interior.

Ficha Técnica:
Título original: The Martian
Ano: 2015
Realizador: Ridley Scott
Principais atores: Matt Damon, Jessica Chastain, Kristen Wiig, Jeff Daniels
Compositor da banda sonora: Harry Gregson-Williams
Género: Ficção científica, drama psicológico
Duração: 144 min

Referências:
APA – American Psychiatric Association. (2023). DSM-5-TR: Manual de Diagnóstico e Estatístico das Perturbações Mentais (5.ª ed. rev.). Lisboa: Climepsi Editores.
Monteiro, I. S. (2010). Depressão. Lisboa: Climepsi Editores.
Delbrouck, M. (2004). Síndrome de Exaustão. Lisboa: Climepsi Editores.

Solaris

Solaris, de Steven Soderbergh, é daqueles filmes que não se veem de forma leve, é necessário deixar-nos atravessar por ele. Adquirido em DVD há vários anos, regressa-me sempre como um objeto estranho e familiar ao mesmo tempo — como as visitas que assombram a estação espacial onde decorre a narrativa. É um filme que respira silêncio, onde cada plano parece suspenso no limiar entre a memória e o sonho.

A história acompanha Chris Kelvin (George Clooney), psicólogo enviado para investigar fenómenos estranhos numa estação orbital que circunda o planeta Solaris. O que encontra é um mundo fechado e rarefeito, onde tripulantes enfrentam materializações vivas das suas memórias mais íntimas. Para Kelvin, essa presença toma a forma de Hari (Natascha McElhone), a esposa morta. Não é um fantasma, mas uma construção viva e tangível, fruto da interação entre o oceano vivo de Solaris e a mente humana.

Do ponto de vista psicológico, Solaris é um laboratório de luto complicado e perturbação dissociativa. Como sublinha o DSM-5-TR (APA, 2023), quando a perda não encontra espaço para ser elaborada, o psiquismo cria vias alternativas para manter a ligação com o objeto perdido. Hari é exatamente essa ligação materializada: uma presença que permite a Kelvin evitar, mas também enfrentar, a dor original.

Esta projeção viva da memória pode ser lida como um fenómeno simultaneamente neurológico e simbólico. Como nota José Manuel de Matos Pinto em Psicanálise e Neurociência (2018), memória e afeto estão enredados num mesmo circuito cerebral, e a evocação emocional intensa pode recriar experiências com um grau de vividez que se aproxima da percepção sensorial real. Solaris, neste sentido, funciona como um "órgão psíquico" externo, capaz de dar corpo às representações internas mais carregadas de afeto.

Mas Solaris não é apenas uma narrativa sobre neurociência emocional. É também uma reescrita mitológica. Jaime Milheiro, em Adão e Eva no Deserto... (2014), explora como certos reencontros simbólicos nos colocam perante arquétipos de origem, conduzindo-nos a um "lugar primeiro" onde a relação com o outro é absoluta. Hari encarna a Eva de Kelvin — a origem e a perda, a tentação e a redenção possíveis. Não é apenas a esposa reconstituída; é a oportunidade de rescrever o próprio mito pessoal.

O dilema ético e existencial que o filme propõe é claro: se a memória pode criar um novo real, este é menos autêntico? Ou será que, no íntimo, tudo o que importa é a experiência emocional, mesmo que construída? Solaris não oferece respostas; obriga-nos a permanecer no espaço de ambiguidade.

A banda sonora de Cliff Martinez é uma das peças centrais desta atmosfera. Minimalista e textural, recorre a timbres eletrónicos etéreos que pairam como uma névoa sobre a narrativa. As composições não sublinham a ação; prolongam o estado de suspensão, como se cada nota fosse uma partícula de memória a dissolver-se no tempo. Em cenas-chave, como o primeiro reencontro entre Kelvin e Hari, a música não apenas acompanha — ela respira com os personagens, sustentando o equilíbrio frágil entre amor e alucinação.

Solaris (2002) não é um filme de ficção científica sobre contacto extraterrestre; é um filme sobre contacto com aquilo que perdemos. Um mergulho num oceano que, como o inconsciente, devolve sempre mais do que aquilo que procuramos. E, tal como Kelvin, ao regressar da viagem, percebemos que não voltamos ao mesmo lugar — porque também nós já não somos os mesmos.

Ficha Técnica:
Título original: Solaris
Ano: 2002
Realizador: Steven Soderbergh
Principais atores: George Clooney, Natascha McElhone, Jeremy Davies, Viola Davis
Compositor da banda sonora: Cliff Martinez
Género: Ficção científica psicológica, drama existencial
Duração: 99 min

Referências:
APA – American Psychiatric Association. (2023). DSM-5-TR: Manual de Diagnóstico e Estatístico das Perturbações Mentais (5.ª ed. rev.). Lisboa: Climepsi Editores.
Matos Pinto, J. M. (2018). Psicanálise e Neurociência. Lisboa: Climepsi Editores.
Milheiro, J. (2014). Adão e Eva no Deserto e Outros Ensaios. Lisboa: Climepsi Editores.

Sunshine - Missão Solar

Entre os discos e filmes que repousam na minha prateleira, Sunshine – Missão Solar sempre ocupou um lugar estranho. Principalmente pela forma como permanece aceso dentro de mim, como se o seu brilho sombrio reverberasse no escuro da mente. É um daqueles filmes que não se vê com os olhos, mas com um tipo de espanto interior — o mesmo que sentimos ao olhar diretamente para o sol, mesmo sabendo que nos pode cegar.

A missão da nave Icarus II é aparentemente simples: reativar o sol, lançando uma ogiva nuclear ao seu núcleo moribundo. Mas a metáfora é tudo menos subtil. O que se quer reacender não é apenas a estrela — é o impulso vital da própria humanidade, em colapso. A viagem transforma-se assim numa travessia arquetípica do inconsciente: isolada, claustrofóbica, onde cada membro da tripulação enfrenta não só a ameaça externa, mas o desmantelamento interno da sua identidade.

Louis Sass (2020) alerta-nos para como a modernidade — ao tentar racionalizar tudo — abre brechas profundas na organização simbólica do eu. A personagem Pinbacker, o comandante da primeira missão que se perdeu, representa a figura do delírio místico: um homem que, diante do colapso da missão e do seu próprio fracasso, encontra na fusão com o sol uma justificação transcendente. Trata-se, na leitura psicopatológica, de um quadro possível de delírio místico com componentes dissociativas e messiânicas, conforme categorizado no DSM-5-TR (APA, 2023), associado a estados psicóticos em contextos de isolamento extremo.

O filme retrata também estados de dissociação coletiva e colapsos emocionais subtis. A ausência de sono, o silêncio do espaço e a pressão constante instalam na tripulação sintomas progressivos de desorganização — ansiedade, rigidez comportamental, ideias obsessivas. António Coimbra de Matos (2014) descreve a depressão não apenas como tristeza, mas como um vazio ativo, um desligamento simbólico do mundo e dos outros. É isso que vemos nas microexpressões dos astronautas — já não falam do regresso, mas apenas da missão, como se o eu se tivesse rendido à inevitabilidade do fim.

Há uma passagem em que a nave se aproxima perigosamente da luz solar e os membros da tripulação, em vez de medo, experimentam uma forma de êxtase. Esse fascínio pela destruição — essa estética da dissolução — remete-nos para o que Pio Abreu (2006) descreve como uma pulsão simbólica de desintegração, onde o sujeito, incapaz de sustentar a sua estrutura identitária, se entrega ao vazio como última forma de sentido. O sol, aqui, não é fonte de vida — é abismo de luz.

É importante notar como o som, ou melhor, o design sonoro, amplifica essa tensão simbólica. A banda sonora de John Murphy e Underworld não tenta ilustrar — tenta fundir. São composições que oscilam entre o minimalismo ambiental e o crescendo catártico, acompanhando o desequilíbrio progressivo da missão e das consciências. O tema "Adagio in D Minor" torna-se quase um lamento cósmico — uma elegia ao humano que se consome em nome de algo maior, ainda que indefinível.

Do ponto de vista narrativo, Sunshine é também um estudo sobre o dilema ético e a fragmentação coletiva. Cada decisão representa uma perda — e cada sacrifício, um passo mais perto da fusão. Não se trata apenas de morrer por uma causa, mas de deixar de ser alguém para passar a ser apenas função. O sujeito dá lugar ao sistema — até que já não resta ninguém para contar a história.

No final, há uma espécie de paz — não porque a humanidade tenha vencido, mas porque alguém se dissolveu para reacender o que resta. E talvez seja essa a maior metáfora de todas: num mundo à beira do colapso, a missão mais heroica não é salvar a humanidade — é preservar uma centelha de consciência, mesmo que em silêncio.Ficha Técnica:

Título original: Sunshine
Ano: 2007
Realizador: Danny Boyle
Principais atores: Cillian Murphy, Rose Byrne, Chris Evans
Compositor da banda sonora: John Murphy e Underworld
Género: Ficção científica, drama psicológico
Duração: 107 min

Referências:

Abreu, P. (2006). O Modelo do Psicodrama Moreniano. Lisboa: Climepsi Editores.

APA – American Psychiatric Association. (2023). DSM-5-TR – Manual de Diagnóstico e Estatística das Perturbações Mentais (Texto Revisto). Lisboa: Climepsi Editores.

Coimbra de Matos, A. (2014). A Depressão (2.ª ed.). Lisboa: Climepsi Editores.

Sass, L. (2020). Loucura e Modernismo: Compreensão da Doença Mental. Lisboa: Climepsi Editores.

Capítulo 4: Juventude, Rebeldia E Rituais

A juventude não é apenas uma fase — é uma travessia. Neste capítulo, os filmes acompanham personagens em momentos limiares, onde algo se perde e algo começa. São histórias marcadas por confronto, descoberta, desejo de pertença e necessidade de ruptura. Tudo parece urgente. Tudo parece definitivo.

Nestes mundos, a escola pode ser prisão ou refúgio. A amizade, um espelho ou uma fuga. E a família, por vezes, o lugar onde se aprende a partir ou a resistir. A rebeldia não surge como pose — é, muitas vezes, a única resposta possível a um mundo que não oferece espaço para existir com verdade.

Cada um destes filmes é um retrato de alguém em trânsito — entre infância e maturidade, entre ilusão e desilusão, entre silêncio e grito. E talvez o mais difícil não seja crescer, mas aceitar que não há mapa seguro para o caminho.

Adeus, Lenine!

Desta vez tirei da prateleira um filme que faz da História um espelho íntimo. Adeus, Lenine! é um desses casos raros em que a queda de um muro ressoa como o colapso de uma memória pessoal.

Berlim, 1989. A mãe entra em coma num país, e acorda noutro. Para ela, o tempo parou antes da queda da RDA. Para o filho, o tempo nunca mais voltou a ser o mesmo. Entre os escombros da ideologia e o alvoroço do capitalismo a entrar pela porta sem pedir licença, instala-se uma mentira por amor — ou um teatro de resistência afetiva, cuidadosamente encenado para proteger o passado que já não existe.

O filme é um exercício comovente sobre o cuidado e a ficção. O protagonista cria um mundo alternativo, reconstrói a sua casa como uma cápsula de memória e transforma-se no arquiteto de uma realidade emocional — frágil, poética e dissonante. A ternura está na tentativa de preservar algo que desapareceu enquanto ninguém estava a olhar. Esta criação de um universo emocional para proteger o outro ressoa com o conceito de holding proposto por Winnicott (2005): o ambiente sustentador que permite à psique sobreviver à mudança.

O peso da transformação política é aqui vivido ao nível da intimidade: um filho que quer poupar a mãe à verdade porque sabe que a verdade, às vezes, não cura. A tensão entre a verdade factual e a verdade afetiva é central neste filme — e aproxima-se daquilo que Bruner (2002) denominava como verdade narrativa, ou seja, o valor das histórias que contamos para dar sentido à experiência, independentemente da sua objetividade histórica.

A banda sonora de Yann Tiersen eleva a dimensão emocional do filme a um outro plano. Com piano minimalista e melodias circulares, Tiersen cria um fundo melancólico que parece suspenso no tempo, tal como a história. São temas que ecoam memórias de infância e promessa de futuros adiados — sem nunca forçar a emoção, mas deixando-a escorrer lentamente.

Adeus, Lenine! é, no fundo, sobre a impossibilidade de recuperar o que já se foi, e sobre o gesto bonito — ainda que fútil — de tentar fazê-lo. Um filme que prova que a memória não precisa de ser exata para ser verdadeira.

Ficha Técnica:
Título original: Good Bye, Lenin!
Ano: 2003
Realizador: Wolfgang Becker
Principais atores: Daniel Brühl, Katrin Saß, Chulpan Khamatova
Compositor: Yann Tiersen
Duração: 121 min
Género: Drama, Comédia

Referências:
Bruner, J. (2002). A construção narrativa da realidade (2.ª ed.). Edições 70.
Winnicott, D. W. (2005). O ambiente e os processos de maturação (5.ª ed.). Martins Fontes.

As Virgens Suicidas

Há filmes que não se explicam — apenas se sentem, como névoas emocionais que não se dissipam com o tempo. As Virgens Suicidas (1999), de Sofia Coppola, é um desses filmes. Um mergulho assombrado e subtil numa adolescência filtrada pela idealização, pela perda e por uma nostalgia que, mais do que lembrar, distorce. É uma presença silenciosa na minha prateleira — tão frágil quanto insistente.

Baseado no romance de Jeffrey Eugenides, o filme acompanha a vida das cinco irmãs Lisbon, vistas apenas através do olhar de um grupo de rapazes vizinhos que, décadas mais tarde, continuam a tentar reconstruir o que nunca chegaram a compreender. Mas As Virgens Suicidas não é um filme sobre factos. É sobre a impossibilidade de os aceder. A narrativa desenha-se pela ausência, pelo silêncio, pelos gestos interrompidos — um luto sem corpo, sem linguagem, sem resposta.

A estética quase etérea — luz filtrada, ambientes fechados, vozes em off — funciona como máscara para uma tensão crescente, enraizada no controlo parental, na repressão sexual, na ausência de espaço emocional e simbólico. O lar, em vez de refúgio, torna-se prisão. A presença constante da mãe como figura reguladora remete para um superego hipertrófico, incapaz de gerar contenção saudável. Freud falava da repressão como mecanismo de defesa essencial, mas aqui a repressão é total — e por isso, destrutiva (Freud, 2006).

Lux Lisbon (Kirsten Dunst), especialmente, encarna a oscilação entre erotismo emergente e solidão insuportável. Os seus comportamentos de risco e flutuações emocionais sugerem uma tentativa desesperada de afirmação de identidade num ambiente inóspito. A ausência de mediação afetiva e a não validação emocional criam um vazio relacional. Winnicott diria que ali não houve espaço para o "ambiente suficientemente bom" — e sem esse solo psíquico, não há simbolização possível (Winnicott, 2005).

Narrativamente, o filme constrói-se como um espelho fragmentado. A estrutura circular aproxima-se de uma narrativa de identidade incompleta, como descrita por Bruner (2002): os narradores tentam organizar o passado, mas a história permanece sempre fora do seu alcance. Não há resposta. Apenas eco. A memória coletiva — ou antes, a memória emocional — substitui a realidade. E talvez, como lembra McAdams, todas as histórias sejam, no fundo, tentativas de dar sentido ao que falhou (McAdams, 2001).

Do ponto de vista psicopatológico, pode falar-se de um quadro depressivo de base situacional, com sinais de colapso narcisista e impossibilidade de projeção de futuro. A rigidez do sistema familiar impede qualquer elaboração simbólica do sofrimento. E sem simbolização, resta apenas o gesto final — silencioso, coordenado, irreversível.

A banda sonora dos franceses Air é talvez o elemento mais íntimo do filme. Minimalista, espectral, quase fantasmática, como se traduzisse o som de uma memória abafada. É a música de uma adolescência suspensa no tempo — não o tempo cronológico, mas o tempo da perda não resolvida.

As Virgens Suicidas não oferece explicações. E é precisamente por isso que continua a ressoar. Porque é sobre aquilo que não foi dito, não foi compreendido, não foi autorizado a existir. Um filme sobre a adolescência como enigma — e o luto como narrativa impossível de encerrar.

Ficha Técnica:
As Virgens Suicidas
Ano: 1999
Realização: Sofia Coppola
Atores principais: Kirsten Dunst, James Woods, Kathleen Turner
Compositor: Air
Duração: 97 min
Género: Drama psicológico

Referências:
Bruner, J. (2002). A construção da realidade: os modos de pensar (2.ª ed.). Lisboa: Edições 70. (Obra original publicada em 1990)
Freud, S. (2006). O ego e o id. Lisboa: Relógio D'Água. (Obra original publicada em 1923)
McAdams, D. P. (1997). A vida narrativa: a construção de histórias pessoais. Lisboa: Edições 70. (Obra original publicada em 1993)
Winnicott, D. W. (2005). O ambiente e os processos de maturação (3.ª ed.). Lisboa: Relógio D'Água. (Obra original publicada em 1965)

Billy Elliot

Entre os muitos DVDs que guardo nas prateleiras lá de casa, há títulos que parecem dançar sozinhos, mesmo antes de os colocarmos no leitor.

Billy Elliot é um deles. Vi-o pela primeira vez numa edição simples, sem extras, mas bastou o filme para perceber que se tratava de um daqueles retratos raros onde corpo e emoção se fundem com uma precisão devastadora. Um filme que fala tanto sobre o que se perde como sobre o que se ousa conquistar.

Billy é um rapaz que encontra na dança um canal inesperado de expressão emocional. Mas não se trata apenas de talento: é uma pulsão vital. Num contexto de repressão económica, luto familiar e rigidez masculina, a dança surge como forma de resistência íntima. Daniel Sampaio (2010) destaca a importância do corpo como linguagem na adolescência, sobretudo quando as palavras faltam. E é exatamente isso que vemos: um corpo que grita o que o ambiente tenta silenciar.

A relação de Billy com o pai e o irmão, ambos envolvidos na greve dos mineiros, representa um sistema familiar colapsado — onde o luto pela mãe e a pressão social se transformam em contenção emocional. Erikson (1976) descreve esta fase da adolescência como uma crise de identidade, em que o jovem testa os limites do permitido e do possível. Billy não escolhe ser bailarino para desafiar ninguém; ele apenas responde a algo que já está dentro dele. Mas esse gesto simples torna-se revolucionário num meio que associa masculinidade à dureza, não à leveza.

É aqui que a psicologia humanista de Carl Rogers (1979) se revela particularmente relevante. A necessidade de congruência entre o self real e o self ideal é o que guia Billy — e também o que inicialmente atormenta os adultos à sua volta. Ao recusarem aceitar a expressão dele, estão também a negar partes suas que foram reprimidas, talvez desde a infância. A professora de ballet, com o seu humor seco mas intuição afiada, representa essa ponte entre dois mundos: o do desejo e o do reconhecimento.

O luto pela mãe nunca é dramatizado em excesso, mas está presente em cada ausência, em cada objeto deixado para trás, em cada silêncio partilhado. Maria da Graça Pereira (2014) sublinha que o luto em adolescentes nem sempre se manifesta em tristeza explícita — muitas vezes traduz-se em impulsividade, isolamento ou, como no caso de Billy, numa busca quase obsessiva por um novo significado de vida. A dança torna-se esse novo significado. Uma forma de ritualizar o luto e, ao mesmo tempo, reinventar o futuro.

A banda sonora de Stephen Warbeck é um dos pontos altos do filme. O uso de temas clássicos e contemporâneos, em especial a música de T. Rex e The Clash, cria uma fusão sonora entre tradição e rebeldia. Mas é nos momentos de silêncio ou de piano minimalista que o som se torna mais íntimo — quase um reflexo interno da personagem. A música não embala; ela empurra. Serve como batida interna do conflito e da coragem.

A cena final — com Billy já adulto, a dançar no palco — é menos sobre sucesso e mais sobre a permanência de uma escolha feita em plena adversidade. O pai, agora espectador, assiste a algo que só tardiamente pôde aceitar. É um momento de redenção silenciosa. E talvez seja também sobre isto que o filme fala: a capacidade de um gesto íntimo transformar, lentamente, todo um ecossistema emocional.

Ficha Técnica:
Título original: Billy Elliot
Ano: 2000
Realizador: Stephen Daldry
Principais atores: Jamie Bell, Julie Walters, Gary Lewis
Compositor da banda sonora: Stephen Warbeck
Género: Drama psicológico / Coming of Age
Duração: 110 min

Referências:
Erikson, E. H. (1976). Infância e sociedade. Lisboa: Edições 70.
Pereira, M. G. (2014). Psicologia da saúde: Conceitos e aplicações. Lisboa: Climepsi Editores.
Rogers, C. R. (1979). Liberdade para aprender. Lisboa: Edições 70.
Sampaio, D. (2010). Adolescência e saúde mental. Lisboa: Clube do Autor.

Forrest Gump

Forrest Gump é mais um daqueles filmes que salta regularmente da prateleira diretamente para o leitor. A minha coleção física serve-me muitas vezes como bússola emocional — e há dias em que só apetece revisitar algo que reconforte, que nos agarra pela simplicidade e nos deixa um sorriso na cara. Esta é a definição perfeita de Forrest Gump.

Realizado por Robert Zemeckis, estreado em 1994, o filme é protagonizado por um Tom Hanks irrepreensível no papel que lhe valeu o Óscar. A narrativa acompanha Forrest, um homem com um quociente de inteligência abaixo da média, mas com uma pureza emocional e uma presença singular nos grandes momentos da história dos EUA do século XX. O argumento, adaptado do livro de Winston Groom, combina sátira social com drama emocional, tudo temperado por um humor quase infantil que nos desarma.

Do ponto de vista psicológico, é inevitável pensar em Forrest como alguém no espectro do neurodesenvolvimento. A sua forma direta e literal de comunicar, o pensamento rígido, a dificuldade em compreender convenções sociais mais subtis — tudo isso aproxima-o de um perfil de funcionamento neurodivergente, que hoje poderíamos enquadrar, com alguma reserva, dentro do espetro do autismo ou de um funcionamento cognitivo-limite. No entanto, o filme evita rótulos e aproxima-se daquilo que Oliver Sacks designava como neurodiversidade significativa: formas singulares de perceção e relação com o mundo que, longe de serem apenas deficitárias, abrem possibilidades inesperadas (Sacks, 2007).

Mas é justamente aí que o filme brilha: nunca faz de Forrest uma caricatura. Ele é tratado com dignidade, admiração até. O olhar inocente que ele lança sobre a realidade revela, por contraste, as absurdidades de um mundo dito "normal". A sua presença constante, resistente e emocionalmente íntegra destaca-se como um antídoto simbólico à alienação contemporânea — como se Forrest fosse, ele próprio, uma forma pura de autenticidade existencial (Frankl, 2006).

Outro aspeto notável é a relação entre Forrest e Jenny, onde se observa o desencontro entre dois mundos emocionais. Jenny carrega traumas profundos e oscila entre autodestruição e fuga, enquanto Forrest permanece estável, previsível, presente. É, de certa forma, a antítese do trauma — alguém que, apesar das adversidades, nunca se perde de si mesmo. A estabilidade emocional de Forrest, apesar das suas limitações, contrasta com a desorganização afetiva de Jenny, refletindo duas respostas opostas à dor: dissociação e presença.

A banda sonora, com seleção musical de Don Burgess e composição de Alan Silvestri, é um personagem por si só. As canções atravessam décadas da história americana e guiam a narrativa com precisão emocional. Esta banda sonora é talvez uma das minhas preferidas, com uma curadoria que é uma autêntica viagem histórica: mais de 30 canções icónicas foram usadas, selecionadas para refletir a época em que cada cena ocorre e, ao mesmo tempo, o estado emocional da narrativa. Entre as bandas presentes posso referir: Elvis Presley, Aretha Franklin, The Doors, Simon & Garfunkel, Jimi Hendrix, Bob Dylan...

Forrest Gump não é apenas uma viagem pela História — é uma viagem pelo que nos torna humanos. E às vezes, essa humanidade vê-se melhor através dos olhos de quem nunca tentou ser outra coisa senão genuíno.

Ficha Técnica:
Título original: Forrest Gump
Ano: 1994
Realizador: Robert Zemeckis
Principais atores: Tom Hanks, Robin Wright, Gary Sinise, Sally Field
Compositor: Alan Silvestri (música original), Don Burgess (curadoria musical)
Duração: 142 min
Género: Drama, Comédia, Romance

Referências:
Frankl, V. E. (2006). O homem em busca de um sentido (14.ª ed., A. R. da Silva, Trad.). Edições Paulinas.
Sacks, O. (2007). Um antropólogo em Marte: Sete histórias paradoxais (2.ª ed.). Relógio D'Água.

Kids

O filme Kids, ali encostado na prateleira, lembra-me que há filmes que não se veem por prazer, mas por confrontação. É um espelho rachado: de uma geração sem contenção, sem orientação, sem tempo para pensar.

Larry Clark filma o vazio com uma crueza quase documental. E o que ali se mostra não é ficção: é uma ferida social não suturada.

Seguimos Telly, adolescente nova-iorquino, obcecado em "iniciar" raparigas virgens. O sexo, para ele, é território de poder — não de afeto. Em paralelo, acompanhamos Jennie, que descobre estar infetada com VIH depois de ter estado com Telly, sem nunca mais o conseguir alcançar. O contraste é brutal: ele mergulha no vício da conquista inconsciente, ela afunda-se na angústia de uma sentença invisível.

Daniel Sampaio (2005) descreve a adolescência como um momento de construção frágil da identidade, onde a ausência de contenção emocional e de figuras de referência pode originar comportamentos de risco e acting out. Em Kids, essa ausência é total: não há pais, professores, espelhos. Só corpos em deriva. A identidade não se constrói — dissolve-se.

Os jovens do filme habitam um espaço emocional inóspito. A afetividade foi substituída pela urgência: consumir, tocar, usar. José Luís Pio Abreu (2014) fala dessa "psicopatologia do vazio", onde o eu não se organiza em torno de vínculos, mas de impulsos. É isso que vemos: jovens desligados de si, do outro e do futuro.

Isabel Leal (2009) lembra que a prevenção em saúde sexual depende da interiorização de riscos, da empatia e da perceção de consequência. Nada disso habita Kids. O VIH não é falado — é descoberto tarde, em silêncio, numa clínica, como se fosse castigo e não responsabilidade coletiva. A psicologia da saúde falha onde a sociedade falhou: ninguém ensinou estes miúdos a cuidar.

Gabor Maté (2013) sugere que a toxicodependência não nasce da substância, mas da dor — e da tentativa desesperada de não senti-la. Os adolescentes de Clark fumam, bebem, praticam sexo sem segurança, consomem-se. E não sentem. Ou melhor: não sabem que estão a fugir de sentir. A dependência é existencial. O corpo é a única âncora.

Irvin Yalom (2008) diz que a recusa em encarar a morte, a solidão e a falta de sentido pode levar ao colapso afetivo. Jennie é talvez a única que encara a morte — mas fá-lo sozinha, perdida numa cidade que não ouve. Os outros vivem como se fossem imortais. Porque pensar no fim é impensável. A única filosofia aqui é o agora.

E é António Damásio (1995) quem fecha o diagnóstico: sem emoção não há decisão racional. A falta de integração entre emoção e razão produz indivíduos que reagem sem pensar, que consomem sem pesar. Kids é o retrato disso — um presente contínuo, sem consequência nem memória.

Entre a cacofonia da cidade, há uma banda sonora quase invisível mas dolorosamente eficaz. Curada por Lou Barlow, ela mistura faixas de Sonic Youth, Folk Implosion e Daniel Johnston — sons arrastados, sujos, quase improvisados. Este universo musical não guia nem protege: reforça o desamparo, amplifica a deriva.

Não há redenção melódica. A música é ambiente de desconforto, não alívio. Como escreveu Damásio (1995), sem emoção não há consciência — e aqui, as músicas apenas reiteram a anestesia. É ruído emocional de fundo. Uma espécie de subconsciente urbano, tão perdido quanto os corpos que vagueiam pelo ecrã.

A câmara de Larry Clark não julga. Observa. E isso é o mais brutal. Porque ao não nos oferecer distância, obriga-nos a ver. A ver estes miúdos como eles são — não como gostaríamos que fossem. E talvez aí esteja a função mais desconfortável e necessária deste DVD na estante: lembrar-nos de quem ignoramos. E do que se passa quando deixamos uma geração crescer sem espelhos.

Ficha Técnica:
Título original: Kids
Ano: 1995
Realizador: Larry Clark
Principais atores: Leo Fitzpatrick, Rosario Dawson, Chloë Sevigny, Justin Pierce
Compositor da banda sonora: Lou Barlow (curadoria musical)
Género: Drama psicológico, realismo social
Duração: 91 min

Referências:

Damásio, A. (1995). O erro de Descartes. Lisboa: Gradiva.
Leal, I. (2009). Psicologia da saúde: Teoria e investigação. Lisboa: Climepsi.
Maté, G. (2013). No reino dos fantasmas famintos. Lisboa: Zéfiro.
Pio Abreu, J. L. (2014). O bailado da alma. Lisboa: Dom Quixote.
Sampaio, D. (2005). Labirintos do eu: O adolescente e o suicídio. Lisboa: Caminho.
Yalom, I. (2008). O carrasco do amor. Lisboa: Edições 70.

Mean Creek

Mesmo sem nomes de atores sonantes, há filmes que permanecem como ecos. Mean Creek é um desses filmes discretos — parece pequeno, mas infiltra-se. É uma ferida ética: um retrato desarmante da adolescência em suspensão, onde o erro e o silêncio se tornam indissociáveis.

Realizado por Jacob Aaron Estes, o filme acompanha um grupo de adolescentes que decide pregar uma partida ao agressivo George, como retaliação por episódios de bullying. Mas o que começa como "lição" transforma-se em tragédia. O que importa aqui não é o momento do crime, mas o colapso moral que o precede e sucede. Mean Creek é um estudo cru sobre a fronteira ambígua entre a intenção e o acto.

Jean Piaget (1977), ao estudar o juízo moral infantil, descreveu a passagem da moral heterónoma — regida por regras externas — para a moral autónoma, em que a criança começa a perceber a intenção por detrás das ações. O filme expõe esse ponto de transição: os jovens oscilam entre a obediência à regra do grupo e a responsabilização subjetiva pelos próprios gestos. A fronteira entre justiça e crueldade esbate-se.

A personagem de Sam representa essa ambiguidade de forma pungente. Sente, hesita, cala. Está prestes a agir, mas a hesitação fá-lo cúmplice. Aqui, entra a leitura de Carol Gilligan (2003), que propõe uma moralidade do cuidado, mais relacional e empática, como contraponto à lógica da justiça abstrata proposta por Kohlberg. Sam tenta preservar o outro — mas sem ter coragem para contrariar o grupo.

O grupo, por sua vez, funciona como catalisador da violência. Vygotsky (1991) sublinhou o papel decisivo da interação social na formação da consciência. Em Mean Creek, essa consciência é suspensa: o grupo confere estrutura, mas também a dilui. A identidade individual esbate-se na cumplicidade coletiva. O que se faz em conjunto parece menos grave.

Quando o corpo de George desaparece nas águas, instala-se um vazio. A culpa torna-se difusa, mas o peso é concreto. O que se segue é silêncio — não o silêncio inocente, mas o sintoma. Erik Erikson (1968) descreveu esta fase como crise entre identidade e confusão de papéis. No filme, ninguém sabe que papel tem: vítima, cúmplice, líder, mártir. O trauma é menos o que aconteceu — e mais o que ficaram a saber de si mesmos.

Daniel Sampaio (2003) escreveu sobre como os adolescentes, quando privados de discurso, criam zonas de silêncio que funcionam como defesa. Em Mean Creek, esse silêncio instala-se como um pacto: ninguém fala, ninguém sente. Mas o filme não permite anestesia — obriga a pensar na construção da culpa e da responsabilidade. Não como abstração, mas como ferida pessoal.

A banda sonora, assinada por Tomandandy, é discreta, quase invisível — e é aí que ganha força. O som é rarefeito, suspenso, atmosférico. Tal como a culpa. A música não narra: impregna. Cria uma tensão subterrânea que cresce na ausência de palavras. Há momentos em que o som da água diz mais que qualquer grito — porque é o silêncio que aqui fere.

Mean Creek é um filme sobre a juventude, mas sem filtros. Mostra que crescer nem sempre é descobrir quem se é — às vezes, é perceber o que não se pode desfazer. E isso fica. Fica no olhar, na paisagem...

Ficha Técnica:
Título original: Mean Creek
Ano: 2004
Realizador: Jacob Aaron Estes
Principais atores: Rory Culkin, Scott Mechlowicz, Trevor Morgan, Carly Schroeder
Compositor da banda sonora: Tomandandy
Género: Drama psicológico, coming-of-age
Duração: 90 min

Referências:
Erikson, E. H. (1968). Identidade: Juventude e crise. Lisboa: Moraes Editores.
Gilligan, C. (2003). Uma voz diferente. Lisboa: Edições 70.
Piaget, J. (1977). O juízo moral na criança. Lisboa: Climepsi.
Sampaio, D. (2003). Tudo o que temos cá dentro. Lisboa: Edições Caminho.
Vygotsky, L. S. (1991). A formação social da mente. Lisboa: Martins Fontes.

Mysterious Skin

Mysterious Skin é daqueles filmes que são como uma ferida aberta. Gregg Araki, em 2004, trouxe para o cinema uma das mais duras representações do abuso sexual infantil e das suas consequências na adolescência e vida adulta. Não é um filme de fácil regresso — mas a sua honestidade brutal obriga a um olhar clínico e emocional atento.

A narrativa acompanha Neil (Joseph Gordon-Levitt), que transforma o trauma em hipersexualização e comportamentos de risco, e Brian (Brady Corbet), que dissocia a memória do abuso, convencendo-se de que foi abduzido por extraterrestres. São duas respostas diferentes à mesma violência precoce. O DSM-5-TR (APA, 2023) descreve este espetro de sintomas: de comportamentos dissociativos e amnésia psicogénica até perturbações depressivas e risco suicidário. Araki mostra-nos, sem filtros, como o trauma infantil se reinscreve no corpo e na mente de formas radicalmente distintas.

Hervé Bénony (2005), em O Desenvolvimento da Criança e as suas Psicopatologias, sublinha que o trauma precoce interrompe a construção da confiança básica, criando falhas no desenvolvimento da autoestima e da regulação emocional. Neil é o retrato desse vazio transformado em compulsão: a sexualidade usada como anestesia, mas que só reabre a ferida.

Daniel Marcelli (2001), em Os Estados Depressivos na Adolescência, lembra-nos que a depressão juvenil nem sempre se traduz em tristeza explícita: pode surgir mascarada em comportamentos de risco, agressividade ou retraimento extremo. Neil e Brian encarnam precisamente estas duas faces — a "fuga para fora" e o "fechamento dentro de si". Ambos traduzem a mesma dor, mas através de linguagens opostas.

Niels Peter Rygaard (2008), em A Criança Abandonada, descreve como a negligência e a ausência de contenção protetora deixam marcas profundas na vinculação e na identidade. O abuso sofrido por Neil e Brian não foi apenas um ato de violência — foi a falha radical do adulto que deveria ter sido guardião. São, assim, crianças abandonadas no sentido mais doloroso: vítimas de uma quebra absoluta de confiança.

A banda sonora de Robin Guthrie (Cocteau Twins) e Harold Budd acompanha o filme com uma estranheza etérea. As notas quase oníricas contrastam com a dureza das imagens, criando uma atmosfera paradoxal: bela e dolorosa, como se a música fosse a última tentativa de dar poesia a um trauma sem nome. Em momentos-chave, a música suspende o tempo, tornando ainda mais pungente a distância entre a inocência perdida e a violência sofrida.

Mysterious Skin não oferece consolo. É um filme sobre a impossibilidade de apagar a ferida do abuso, sobre o silêncio cúmplice e sobre os caminhos divergentes que uma mesma dor pode traçar. Não é apenas denúncia — é também reflexão sobre a fragilidade da infância e sobre o peso insuportável de crescer quando a base da confiança foi destruída.

Ficha Técnica:
Título original: Mysterious Skin
Ano: 2004
Realizador: Gregg Araki
Principais atores: Joseph Gordon-Levitt, Brady Corbet, Michelle Trachtenberg
Compositor da banda sonora: Robin Guthrie & Harold Budd
Género: Drama psicológico
Duração: 105 min

Referências:
APA – American Psychiatric Association. (2023). DSM-5-TR: Manual de Diagnóstico e Estatístico das Perturbações Mentais (5.ª ed. rev.). Lisboa: Climepsi Editores.
Bénony, H. (2005). O Desenvolvimento da Criança e as suas Psicopatologias. Lisboa: Climepsi Editores.
Marcelli, D. (2001). Os Estados Depressivos na Adolescência. Lisboa: Climepsi Editores.
Rygaard, N. P. (2008). A Criança Abandonada. Lisboa: Climepsi Editores.

O Bom Rebelde

O Bom Rebelde (Good Will Hunting, 1997), realizado por Gus Van Sant, é um drama profundamente ancorado na psicologia das personagens, abordando temas como trauma, autossabotagem e a procura por pertença. O argumento, escrito e protagonizado por Matt Damon e Ben Affleck, equilibra inteligência emocional com uma estrutura narrativa sólida e humana.

Will é um jovem prodígio com um intelecto brilhante, mas emocionalmente enclausurado num casulo de defesa construído à base de violência, desconfiança e negação. Trabalha em limpezas no MIT, onde casualmente resolve problemas matemáticos de elevado grau de complexidade.

A sua genialidade, porém, esconde feridas profundas de abandono, abuso e medo de rejeição. São marcas típicas de experiências precoces adversas, que contribuem para distorções na perceção do self e nos padrões de vínculo (Cyrulnik, 2003).

A intervenção do terapeuta Sean Maguire, interpretado por Robin Williams numa das suas performances mais comoventes, expõe as camadas de dor que Will mascara com arrogância e sarcasmo. O núcleo psicológico do filme reside no processo terapêutico entre Will e Sean. O consultório torna-se campo de batalha e depois de reconciliação: um lugar onde resistências se esbatem e a vulnerabilidade é finalmente acolhida. A famosa frase "It's not your fault", repetida até que Will colapsa emocionalmente, sintetiza o impacto redentor da escuta empática. Este momento é terapêutico no sentido mais puro – não há conselhos, há presença. Rogers (2001) descreveu esta presença empática como o núcleo da relação terapêutica transformadora: não se trata de corrigir, mas de estar com o outro, genuinamente.

O filme questiona também os mecanismos de defesa e o potencial destrutivo da negação do afeto. Will, ao afastar Skylar, repete o padrão de fuga antes que o possam abandonar. Aqui ressoa a dinâmica do "abandono antecipado" descrita por Bowlby, segundo a qual indivíduos com historial de rejeição desenvolvem estratégias defensivas de evitamento (Bowlby, 1991). Mas, ao contrário de tantos dramas convencionais, O Bom Rebelde oferece uma esperança realista: não é preciso consertar tudo para seguir em frente, basta querer tentar.

A banda sonora de Danny Elfman, com contribuições marcantes de Elliott Smith, dá um tom melancólico e íntimo ao percurso de Will Hunting. A música funciona como extensão emocional do que Will não diz, preenchendo os silêncios e antecipando o momento em que, finalmente, decide deixar o medo para trás.

Ficha Técnica:
Título original: Good Will Hunting
Ano: 1997
Realizador: Gus Van Sant
Principais atores: Matt Damon, Robin Williams, Ben Affleck, Minnie Driver
Compositor: Danny Elfman (música original), Elliott Smith (canções)
Duração: 126 min
Género: Drama

Referências:
Bowlby, J. (1991). Laços afetivos: Formação, desenvolvimento e perda (Vol. 1, 2.ª ed.). Martins Fontes.
Cyrulnik, B. (2003). Os patinhos feios: Histórias de vida de crianças felizes (4.ª ed.). Gradiva.
Rogers, C. R. (2001). Tornar-se pessoa (4.ª ed.). Edições Moraes.

O Clube Dos Poetas Mortos

Robin Williams encarna o professor John Keating com uma contenção comovente e uma profundidade emocional rara. O seu papel vai muito além de um simples educador: é um catalisador interno. Keating não ensina apenas poesia — incita à vida, à autonomia, à escuta interior. Fá-lo com ironia, humanidade e uma espécie de melancolia contida, sugerindo um passado que nunca se revela completamente, mas que o espectador sente em cada silêncio e hesitação.

A academia Welton é o cenário perfeito para o confronto entre liberdade e obediência. A rigidez da instituição funciona como um espelho para os mecanismos de supressão individual — regras não apenas escolares, mas emocionais e familiares. A tensão entre o grupo de alunos e as suas figuras parentais remete diretamente para o peso transgeracional da expectativa. É o eco daquilo que Bowen descreveu como transmissão emocional entre gerações — padrões que, sem serem questionados, perpetuam-se e moldam identidades (Carter & McGoldrick, 2001).

Neil Perry é o caso mais explícito. A sua jornada, marcada por impulsos de afirmação pessoal através do teatro, colide com o autoritarismo do pai, numa escalada que se aproxima da angústia existencial. O filme retrata a claustrofobia de quem não encontra espaço interno para ser. Não há exagero: há contenção até na dor. A impossibilidade de agir em conformidade com o próprio self pode ser entendida à luz de Carl Rogers, que via a congruência como essencial para o bem-estar psicológico (Rogers, 2001).

Cada aluno apresenta diferentes características de desenvolvimento psicológico em conflito: o medo, o desejo de pertença, o impulso de revolta, o início da escuta interior. E Keating, sempre presente mas nunca omnipotente, revela a impossibilidade de salvar alguém sem que essa pessoa se queira salvar. Há aqui uma ética humanista profunda — baseada não na imposição de sentido, mas na abertura ao crescimento, à dúvida e ao risco da liberdade (Maslow, 1999).

A banda sonora de Maurice Jarre reforça este subtexto com discrição, sublinhando emoções em vez de as conduzir. A música quase desaparece para amplificar o que se cala — uma orquestração simbólica do não-dito.

Este não é um filme sobre poesia. É sobre silêncio — o silêncio interior, e o grito que alguns nunca conseguem libertar. E é por isso que ressoa.

Ficha Técnica:
Título original: Dead Poets Society
Ano: 1989
Realizador: Peter Weir
Principais atores: Robin Williams, Robert Sean Leonard, Ethan Hawke
Compositor: Maurice Jarre
Duração: 128 min
Género: Drama

Referências:
Carter, B., & McGoldrick, M. (2001). As mudanças no ciclo de vida familiar: Uma estrutura para a terapia familiar (2.ª ed.). Climepsi Editores.
Maslow, A. H. (1999). Motivação e personalidade (2.ª ed.). Edições Moraes.
Rogers, C. R. (2001). Tornar-se pessoa (4.ª ed.). Edições Moraes.

O Lado Selvagem

Entre os filmes que repousam nas minhas prateleiras, O Lado Selvagem permanece como um dos mais inquietantes e reveladores. Vi-o pela primeira vez num daqueles dias em que o cansaço existencial se disfarça de apatia, e percebi que este não era um filme para entreter. Era, acima de tudo, um espelho agreste e honesto de algo mais fundo: a vontade de desaparecer para finalmente encontrar.

Christopher McCandless (Emile Hirsch) abdica de tudo: dinheiro, conforto, família, futuro. Renuncia à vida que lhe foi dada para construir uma outra, mais autêntica, mais crua. Mas ao longo da narrativa, torna-se evidente que esta busca pela liberdade está profundamente enredada numa dor silenciosa. As feridas emocionais não tratadas, a relação ambivalente com os pais e o ressentimento com um mundo que lhe parece corrompido colocam-no numa rota de fuga, mas também de colapso.

As suas oscilações emocionais e a rigidez do pensamento apontam para o que o DSM-5-TR (APA, 2023) classifica como possível perturbação depressiva com traços evitativos e sintomas de isolamento social acentuado. O desejo de pureza e autenticidade pode ser lido como um mecanismo defensivo contra a dor de viver num mundo que o protagonista sente como insuportável. McCandless encarna uma forma contemporânea de idealismo niilista, em que a natureza surge como último reduto de sentido.

Adrian Wells (2003) propõe que em muitos quadros emocionais crónicos, como os estados depressivos ou ansiosos, a metacognição desempenha um papel central. A forma como Christopher pensa sobre os seus pensamentos, a ruminação constante sobre a sociedade, a idealização de uma vida autárquica e pura, tudo isto forma uma bolha onde o eu se fecha. É uma forma de resistência, mas também de negação.

Do ponto de vista psicopatológico, a leitura através da obra de Charrier e Hirschelmann-Ambrosi (2006) sobre os "estados-limite" torna-se pertinente. Christopher vive num limiar constante entre o contacto e o retraimento. As relações que estabelece ao longo da sua viagem são marcadas por intensidade emocional, mas também por uma ausência de permanência. Não é apenas um errante; é um sujeito cuja identidade oscila entre o desejo de vínculo e o impulso de desaparecer. Esta fragilidade identitária é típica de sujeitos em estado-limite: não pertencem, não se deixam pertencer.

A banda sonora, com temas originais de Eddie Vedder, é uma extensão emocional do protagonista. As canções acompanham a narrativa com uma linguagem melódica introspectiva, melancólica e essencial. É uma música que não impõe emoções, mas as escava. Cada tema surge como uma confissão, um eco do que McCandless não consegue dizer. É uma banda sonora que dá voz ao silêncio emocional da viagem.

O Lado Selvagem não é apenas uma história sobre liberdade. É uma narrativa sobre os riscos da rutura absoluta, sobre o perigo de uma autenticidade sem rede. Christopher queria desaparecer para se encontrar, mas acabou por se perder num mundo sem espelhos. O grito final — "A felicidade só é real quando partilhada" — é uma confissão tardia de quem compreendeu, tarde demais, que a autonomia sem vínculo é apenas uma nova forma de solidão.

Ficha Técnica:
Título original: Into the Wild
Ano: 2007
Realizador: Sean Penn
Principais atores: Emile Hirsch, Marcia Gay Harden, William Hurt
Compositor da banda sonora: Eddie Vedder
Género: Drama biográfico, jornada existencial
Duração: 148 min

Referências:
APA – American Psychiatric Association. (2023). DSM-5-TR: Manual de Diagnóstico e Estatístico das Perturbações Mentais (5.ª ed. rev.). Lisboa: Climepsi Editores.
Charrier, P., & Hirschelmann-Ambrosi, A. (2006). Os Estados-Limite. Lisboa: Climepsi Editores.
Wells, A. (2003). Perturbações Emocionais e Metacognição. Lisboa: Climepsi Editores.

Os Condenados De Shawshank

Escolher Os Condenados de Shawshank é regressar a uma das obras mais icónicas da sétima arte. Este é daqueles filmes que sobrevivem ao tempo não pela ação, mas pelo que deixam a germinar no espectador.

Realizado por Frank Darabont em 1994, com interpretações poderosas de Tim Robbins e Morgan Freeman, é baseado num conto de Stephen King, mas o que ressoa mais fundo aqui não é o terror habitual do autor — é a dignidade.

A história decorre dentro das paredes de Shawshank, uma prisão fictícia que simboliza mais do que um encarceramento físico. Andy Dufresne (Tim Robbins), injustamente condenado, torna-se o arquétipo do sujeito resiliente, alguém que transforma o desespero em propósito. Através de pequenos gestos — ensinar, construir uma biblioteca, escavar em segredo — vai, lentamente, devolvendo humanidade ao espaço e a si próprio. Esta postura ativa diante da adversidade aproxima-se do conceito de resiliência positiva descrito por Boris Cyrulnik (2003), onde a dor não é apagada, mas integrada num percurso de reconstrução identitária.

Red (Morgan Freeman), o narrador e companheiro de percurso, é o contraponto. Conformado, cínico, resistente à mudança, vai-se abrindo lentamente ao contágio da esperança. Esta relação é uma metáfora humanista: o crescimento pessoal emerge do encontro genuíno com o outro, da empatia e da escuta profunda. Carl Rogers defendia que só em ambientes relacionais autênticos, com aceitação incondicional e compreensão empática, a mudança interior se torna possível (Rogers, 2001). Shawshank é menos sobre prisões e mais sobre o processo interno de libertação. As paredes intransponíveis tornam-se pano de fundo para a prisão psicológica.

Thomas Newman assina a banda sonora, com uma elegância minimalista que não rouba protagonismo à história. Os silêncios são tão significativos quanto as melodias: há ali espaço para sentir, refletir e respirar com as personagens.

Mais do que um drama carcerário, Os Condenados de Shawshank é uma ode à esperança como forma de resistência. É sobre confiar no tempo e não trair a essência, mesmo quando tudo parece esmagá-la. No fundo, como diz Red no final, "algumas aves não se deixam aprisionar".

Ficha Técnica:
Título original: The Shawshank Redemption
Ano: 1994
Realizador: Frank Darabont
Principais atores: Tim Robbins, Morgan Freeman, Bob Gunton
Compositor: Thomas Newman
Duração: 142 min
Género: Drama

Referências:
Cyrulnik, B. (2003). Os patinhos feios: Histórias de vida de crianças felizes (4.ª ed.). Gradiva.
Rogers, C. R. (2001). Tornar-se pessoa (4.ª ed.). Edições Moraes.

The Beach

Entre os filmes que guardo na minha prateleira, poucos exprimem o contraste tão intenso entre o sonho e a desilusão como The Beach, de Danny Boyle. Um DVD que comprei na adolescência e que ainda hoje me devolve a sensação ambígua de fascínio e desconforto.

Não é apenas uma aventura tropical. É um espelho distorcido do desejo moderno de escapar — de fugir de tudo o que é demasiado humano, demasiado civilizado, demasiado nós.

Richard (Leonardo DiCaprio) é o arquétipo do jovem desencantado com o mundo ocidental: saturado da superficialidade, da previsibilidade e da ausência de significado. Parte em busca de uma ilha secreta na Tailândia, descrita como um paraíso utópico. Mas o que começa como um êxtase hedonista transforma-se, gradualmente, numa espiral de alienação, loucura e morte. The Beach é uma narrativa sobre o colapso da utopia e a fragilidade da identidade quando desconectada da realidade.

Zygmunt Bauman (2001) descreveu a modernidade líquida como um tempo marcado pela instabilidade dos vínculos, pelo consumo de experiências e pela fuga ao compromisso. Richard é, nesse sentido, uma figura líquida: quer viver intensamente, mas não quer pertencer; deseja a liberdade, mas teme a responsabilidade. A praia representa a promessa de um mundo "puro", mas é apenas uma réplica da sociedade de que ele foge — com regras, exclusões e violências próprias.

Quando o grupo que encontra na ilha começa a degenerar, a estrutura social informal dá lugar à selvajaria subtil, como antecipou Philip Zimbardo (2008) no seu estudo sobre a desindividualização e o poder das situações. A desumanização progressiva, alimentada por uma liderança informal e pelo medo, leva Richard a um estado mental dissociativo. Já não pensa. Sobrevive. E nesse processo, vai-se afastando não só do grupo, mas de si mesmo.

A alienação total é refletida num momento particularmente perturbador: o isolamento de um membro ferido da comunidade, abandonado numa tenda para morrer longe dos olhos dos restantes. Esse gesto não é só um reflexo de pragmatismo. É a negação da vulnerabilidade — a recusa da finitude num lugar construído como eterno. Como descreve Freud (2008), o mal-estar na civilização surge do conflito entre os impulsos primários e as regras sociais. Nesta ilha, os impulsos vencem. Mas a liberdade plena revela-se insuportável.

Nietzsche (2006) lembrava-nos que o niilismo se instala quando matamos os deuses antigos e não encontramos novos. A comunidade da praia mata o deus da civilização — e não consegue criar um novo ethos. Richard, ao tentar assumir o papel de observador superior, acaba por mergulhar na loucura, criando delírios persecutórios e dissociando-se da realidade. A narrativa torna-se cada vez mais alucinatória, refletindo esse colapso do eu.

Pio Abreu (2014), ao explorar a construção da doença mental, argumenta que a psicopatologia pode ser entendida como uma resposta extrema a contextos extremos. Richard não adoece porque está predisposto — adoece porque a ilha o exige. A desordem é sistémica, não individual. É o próprio paraíso que enlouquece.

É neste crescendo de ruína psicológica que a banda sonora exerce um papel fundamental. A curadoria musical de Danny Boyle — com faixas de Moby, Leftfield, All Saints, New Order — não é apenas ambiente. É comentário. A música eletrónica pulsante, alternando entre o trance e o downtempo melancólico, marca o ritmo da transformação interna de Richard: do entusiasmo à paranoia, da liberdade ao vazio.

No final, Richard regressa à civilização. Mas não volta inteiro. Carrega consigo a memória de um lugar impossível. A fotografia digital que guarda da ilha é a última ironia: uma imagem perfeita de uma experiência irrecuperável. The Beach não é sobre encontrar o paraíso. É sobre descobrir que ele não existe — e que a busca por ele pode destruir aquilo que ainda nos mantinha sãos.

Ficha Técnica:
Título original: The Beach
Ano: 2000
Realizador: Danny Boyle
Principais atores: Leonardo DiCaprio, Virginie Ledoyen, Guillaume Canet
Compositor da banda sonora: Curadoria musical com temas de Moby, Leftfield, Underworld, All Saints
Género: Drama psicológico / Aventura existencial
Duração: 119 min

Referências:

Abreu, P. (2014). Como tornar-se doente mental. Lisboa: Dom Quixote.
Bauman, Z. (2001). Modernidade líquida. Rio de Janeiro: Zahar / Lisboa: Relógio D'Água.
Freud, S. (2008). O mal-estar na civilização. Lisboa: Relógio D'Água. .
Nietzsche, F. (2006). Para a genealogia da moral. Lisboa: Edições 70.
Zimbardo, P. (2008). O efeito Lúcifer: Como pessoas boas se tornam más. Lisboa: Gradiva.

Trainspotting

Trainspotting é um daqueles filmes que pulsa — não tanto pelas cores ou pela ação, mas pela intensidade crua que se entranha e ressoa muito depois de o ecrã escurecer.

Há algo de urgente, sujo e estranhamente vital neste retrato da juventude à deriva. Uma vitalidade doentia, encharcada em heroína, mas que vibra com uma verdade rara.

O filme acompanha Renton (Ewan McGregor) e o seu círculo de amigos — figuras periféricas da classe trabalhadora de Edimburgo, engolidas por uma rotina de vício, pequenos delitos, delírios psicóticos e lapsos de lucidez.

Mas Trainspotting não é um filme sobre drogas. É um filme sobre vazio. Sobre a ausência de sentido numa geração que recusou o script social — ou que foi simplesmente esquecida por ele.

Danny Boyle filma com energia pulsante e cortes rápidos, criando um ritmo que oscila entre euforia artificial e colapso interno. Não há romantização no olhar — mas há ironia, e há dor.

Cada personagem parece viver uma guerra silenciosa com o próprio corpo, a família, a história. O vício, aqui, é o sintoma — não a doença.

A leitura psicológica é inevitável. Renton flutua entre momentos de insight e regressão autodestrutiva. A oscilação entre o desejo de "sair" e a compulsão por voltar remete à dinâmica da ambivalência narcísica, tal como formulada por Kernberg (1975), em que o sujeito se encontra dividido entre idealização e desvalorização constante do objeto — neste caso, da própria vida.

A heroína oferece o que a realidade não dá: segurança química, previsibilidade emocional e um simulacro de pertença.

No grupo, a figura de Begbie (Robert Carlyle) evidencia um padrão de comportamento violento, impulsivo e incapaz de tolerar frustração — traços consistentes com uma estrutura de personalidade borderline ou, mais provavelmente, antissocial, em que a raiva é a única forma de afirmação do ego (APA, 2013). Spud, por contraste, encarna a fragilidade afetiva e a submissão — quase como se fosse o eco infantil de uma inocência que o grupo já perdeu.

A voz-off de Renton estrutura a narrativa com ironia e distanciamento, enquanto a estética do filme reforça a sensação de dissociação — como se os corpos estivessem ali, mas as mentes pairassem noutro lugar. É aqui que se torna pertinente invocar o conceito de "desligamento emocional" (emotional numbing), frequentemente associado a stress crónico ou trauma psicológico prolongado, conforme descrito por van der Kolk (2014).

A banda sonora — um dos elementos mais icónicos do filme — é mais do que um comentário estético: é parte da linguagem emocional da obra. Iggy Pop, Lou Reed, Underworld... Cada faixa cria um estado alterado, uma identidade sonora que espelha o delírio, a fuga, o colapso e, por vezes, uma estranha beleza no caos. A música, tal como a droga, oferece um escape — mas também uma identidade coletiva, uma memória emocional comum entre os que ficaram à margem.

"Escolhe a vida", diz a frase mais célebre do filme — mas sempre com um tom de sarcasmo ácido. A escolha, para estes jovens, nunca foi real. Foi sempre uma ficção social, construída para os outros. No fundo, talvez a grande tragédia de Trainspotting seja a consciência aguda da ausência de alternativas reais. Como se a única escolha fosse entre diferentes formas de ruína.

Ficha Técnica:
Título original: Trainspotting
Ano: 1996
Realizador: Danny Boyle
Principais atores: Ewan McGregor, Robert Carlyle, Jonny Lee Miller, Ewen Bremner
Compositor da banda sonora: Vários (curadoria musical)
Género: Drama psicológico, sátira social
Duração: 94 min

Referências:

American Psychiatric Association. (2013). Manual diagnóstico e estatístico de perturbações mentais (DSM-5). Lisboa: Climepsi Editores.

Boyle, D. (Realizador). (1996). Trainspotting [Filme]. Channel Four Films.

Kernberg, O. F. (1975). Transtornos graves da personalidade. Lisboa: Edições 70.

van der Kolk, B. A. (2014). O corpo guarda a memória: cérebro, mente e corpo na cura do trauma. Lisboa: Nascente.

Wonder - Encantador

Wonder ocupa um lugar discreto mas inabalável na minha prateleira. Não é um filme grandioso, nem provocador — mas há nele uma gentileza rara, uma espécie de convite silencioso a sermos menos apressados no julgamento e mais atentos ao que vive por dentro. À primeira vista parece apenas mais um "filme bonito". Mas à segunda — e à terceira — revela-se um estudo delicado sobre identidade, vínculo e reconhecimento.

August Pullman nasceu com uma síndrome genética que afetou o desenvolvimento do rosto. Depois de anos a ser educado em casa, entra pela primeira vez numa escola tradicional. O que se segue não é apenas o seu percurso de integração — é uma coreografia emocional entre olhares, silêncios, feridas e tentativas de pertença. A maior batalha de Auggie não é contra o preconceito dos outros — é contra a sua própria imagem fragmentada.

A escola torna-se um microcosmo da vida adulta. Um espaço onde as regras não ditas pesam mais que o regulamento. A exclusão não é feita de gestos abertos — mas de recuos subtis, de ausência de palavras, de pequenos olhares desviados. Como sublinha Vygotsky (2001), o desenvolvimento da consciência de si é mediado pelo outro — e quando esse outro responde com rejeição ou estranheza, o eu fragiliza-se.

Mas o filme evita o sentimentalismo. Escolhe mostrar a complexidade. Os "agressores" não são vilões — são miúdos que também carregam inseguranças, medos, hierarquias sociais. Como escreveu Bandura (2008), os comportamentos são aprendidos por modelagem — e a empatia também precisa de ser ensinada, não apenas exigida.

O grande mérito do filme é deslocar o foco do "problema" de Auggie para a forma como os outros se posicionam diante dele. O que é que vemos quando olhamos alguém que é diferente? Um aviso? Um desconforto? Um espelho? A irmã, Via, vive uma espécie de invisibilidade emocional. Amada, mas esquecida — como tantas vezes acontece em famílias onde um dos filhos exige atenção constante.

A sua narrativa mostra como o afeto mal distribuído pode gerar sentimentos de exclusão mesmo em contextos saudáveis (Winnicott, 1990).

Por outro lado, os professores e pais são apresentados com humanidade — não como figuras ideais, mas como adultos em processo. A relação entre Auggie e o professor Sr. Browne é especialmente relevante. É através dele que surge uma pedagogia afetiva que não ignora a diferença — mas também não a amplifica. Como defendeu Carl Rogers, um ambiente facilitador baseia-se na aceitação incondicional e na congruência — não na piedade nem na indulgência (Rogers, 2004).

A banda sonora de Marcelo Zarvos acompanha essa sensibilidade com leveza. As melodias são suaves, quase impercetíveis, mas funcionam como um fundo emocional que amplifica a empatia do espectador. A música não manipula — sustém. Ajuda-nos a ficar onde seria fácil fugir: no desconforto da diferença, na ambiguidade das relações, na ternura dos momentos não ditos.

No final, não é Auggie quem muda — é o mundo à sua volta que aprende a vê-lo. E essa transformação, subtil e silenciosa, é o que mais ecoa depois do genérico. Porque o verdadeiro encantamento do filme não está na superação, mas na aceitação. Em reconhecer que a beleza, por vezes, não é algo que se vê — é algo que se sustenta.

Ficha Técnica:
Título original: Wonder
Ano: 2017
Realizador: Stephen Chbosky
Principais atores: Jacob Tremblay, Julia Roberts, Owen Wilson
Compositor da banda sonora: Marcelo Zarvos
Género: Drama familiar, psicológico
Duração: 113 min

Referências:

Bandura, A. (2008). Fundamentos sociais do pensamento e da ação: Uma teoria cognitiva social. Porto Alegre: Artmed.

Rogers, C. R. (2004). Tornar-se pessoa (9.ª ed.). Lisboa: Moraes Editores.

Vygotsky, L. S. (2001). A formação social da mente. São Paulo: Martins Fontes.

Winnicott, D. W. (1990). Tudo começa em casa. Lisboa: Climepsi Editores.

Capítulo 5: Encontros Íntimos E Amores Perdidos

Nem todos os encontros duram. E nem todos os amores se realizam. Neste capítulo, os filmes caminham sobre a linha fina que separa a ligação da solidão, o desejo da ausência, a partilha do desencontro. São histórias feitas de olhares que se cruzam, de palavras que faltam, de momentos breves que deixam marcas fundas.

As relações aqui retratadas não seguem fórmulas — revelam-se nas hesitações, nas distâncias, nos pequenos gestos que dizem mais do que o enredo. Muitas vezes, os sentimentos mais intensos são os que não encontram lugar. E é nessa suspensão, nessa impossibilidade, que a dor e a beleza se tocam.

Mais do que romances, estes filmes são mapas emocionais do que nos liga e do que nos escapa. Porque o amor, quando é verdadeiro, raramente é simples. E quando parte, deixa sempre uma versão nossa por reconstruir.

Agora Ou Nunca

Há filmes que nos lembram que o tempo não é apenas aquilo que passa — é aquilo que pesa. Agora ou Nunca (2007), realizado por Rob Reiner, chegou à minha prateleira sem pretensões — e permaneceu precisamente por isso. Não porque reinventa o cinema, mas porque, com simplicidade desarmante, recorda o essencial: viver não é adiar.

Dois homens, dois mundos. Edward (Jack Nicholson), magnata misantropo, acumula fortuna mas não pertença. Carter (Morgan Freeman), mecânico erudito e afetuoso, viveu com dignidade, mas sacrificando quase tudo em nome dos outros. Ambos partilham um quarto de hospital — e um diagnóstico terminal. Deste encontro nasce uma amizade improvável, e com ela, uma lista de desejos que não procura grandiosidade, mas significado.

O filme podia cair facilmente na tentação do melodrama ou do moralismo, mas não o faz. Escolhe antes a ternura contida e a inteligência emocional. A relação entre Edward e Carter desenvolve-se como uma experiência terapêutica mútua — e é aí que a psicologia humanista de Carl Rogers (1961/2004) emerge, sem ser nomeada. A escuta empática, a autenticidade, a aceitação incondicional do outro tornam-se forças silenciosas que operam a mudança. Rogers acreditava que o crescimento pessoal pode ocorrer em qualquer momento da vida — mesmo (ou sobretudo) perante a sua finitude.

Narrativamente, a estrutura é linear, mas funcional: a jornada pelos desejos pendentes torna-se uma metáfora clara do reencontro consigo mesmo. Edward, ao tocar no mundo real pela primeira vez, enfrenta o vazio emocional que o dinheiro não preenche. Carter, por sua vez, descobre que ainda é possível viver com plenitude — mesmo quando o tempo escasseia. Aqui, a ideia de legado torna-se central: não como aquilo que se deixa aos outros, mas como aquilo que se reconhece em si próprio antes do fim. A abordagem remete, subtilmente, para a logoterapia de Viktor Frankl (1946/2004): a vida mantém sentido, mesmo diante do sofrimento, quando se é capaz de responder com autenticidade à própria existência.

Do ponto de vista simbólico, as viagens que cumprem juntos não são apenas deslocações geográficas — são reconciliações com dimensões do Eu que ficaram por visitar. A narrativa não procura uma redenção espiritual nem um final grandioso: propõe apenas uma intimidade serena com o que somos, quando já não há máscaras a manter.

A banda sonora de Marc Shaiman acompanha esta travessia emocional com discrição e elegância. Nada nela é grandioso ou épico — é uma música que respeita o silêncio, que sustenta o olhar, que valoriza o que fica por dizer. Um contraponto delicado ao ruído da pressa moderna.

Agora ou Nunca fala da morte, sim — mas sobretudo fala da vida que resta. Da coragem de ser visto como se é, da amizade como último gesto de cuidado, do riso como resistência silenciosa. E talvez seja isso o mais comovente: a lembrança de que nunca é tarde para viver melhor — ainda que o tempo já se esteja a despedir.

Ficha Técnica:
Agora ou Nunca (The Bucket List)
Ano: 2007
Realização: Rob Reiner
Atores principais: Jack Nicholson, Morgan Freeman
Compositor: Marc Shaiman
Duração: 97 min
Género: Drama / Comédia dramática

Referências:
Frankl, V. E. (2006). O homem em busca de um sentido (14.ª ed.). Lisboa: Presença. (Obra original publicada em 1946)
Rogers, C. R. (2004). Tornar-se pessoa (9.ª ed.). Lisboa: Edições 70. (Obra original publicada em 1961)

Amor Cão

Há filmes que são como cicatrizes: permanecem connosco, mesmo depois de o impacto imediato desaparecer. Amores Perros (2000), realizado por Alejandro González Iñárritu, é um desses filmes.

Dividido em três histórias que se cruzam num acidente brutal na Cidade do México, o filme é uma meditação sobre a dor, o amor e a sobrevivência. Mas aqui o amor não redime: é sempre imperfeito, instintivo, ferido. Cada segmento — Octavio e Susana, Daniel e Valeria, El Chivo e Maru — revela personagens presas entre desejo e perda, entre tentativas de ligação e o peso das consequências.

Octavio (Gael García Bernal), ainda adolescente, é movido por um amor impossível e uma raiva sem nome. As lutas clandestinas de cães que frequenta não funcionam como simples metáforas — são o prolongamento do desespero em que vive. Daniel abandona a família por Valeria, uma modelo que rapidamente vê o seu corpo, e com ele a identidade, deteriorar-se. Já El Chivo, ex-guerrilheiro transformado em sem-abrigo, é o mais devastador de todos: vive entre ideais falhados e uma paternidade negada, num dos retratos mais comoventes da exclusão afetiva.

Do ponto de vista psicológico, Amores Perros é um mosaico de vínculos precários e perdas não resolvidas. As três histórias são variações do mesmo trauma: o medo de amar e o fracasso da pertença. A fragmentação narrativa do filme — com saltos temporais e sobreposições entre histórias — espelha essa condição. Como se a identidade de cada personagem estivesse presa num tempo narrativo interrompido. Em termos construtivistas, a realidade aqui não é estável, mas vivida como colapso — um mundo onde "a sequência dos acontecimentos já não oferece sentido", como nos lembra Piaget (1950/2002). E nas palavras de McAdams, "sem uma narrativa coerente, o eu desfaz-se na experiência bruta" (McAdams, 1997).

A presença dos cães — maltratados, fiéis, sacrificados — é central. São símbolo de um vínculo instintivo, sem linguagem, mas autêntico. Numa sociedade onde os afetos se quebram ou se comercializam, os cães são os únicos que continuam a amar — mesmo que à sua maneira crua. O amor, aqui, é pulsional. Quase primário. Nunca idealizado. Um pouco como em Freud, quando referia que "o amor e a agressão caminham juntos, ligados pelas mesmas raízes pulsionais" (1920/2006).

A banda sonora, assinada por Gustavo Santaolalla, amplifica a densidade emocional. As cordas secas, os silêncios, as melodias subterrâneas — tudo parece conter a dor sem a aliviar. A música não liberta, mas enquadra. Respira com os personagens, na mesma cadência ofegante de quem tenta sobreviver sem se desintegrar.

No fim, Amores Perros não oferece redenção — apenas fragmentos de humanidade sobrevivente. O que sobra, por vezes, é pouco mais do que um cão ferido a rastejar... Mas esse pouco, no cinema de Iñárritu, já é tudo.

Ficha Técnica:
Amores Perros
Ano: 2000
Realização: Alejandro González Iñárritu
Atores principais: Gael García Bernal, Emilio Echevarría, Goya Toledo
Compositor: Gustavo Santaolalla
Duração: 154 min
Género: Drama

Referências:
Freud, S. (2006). Além do princípio do prazer. Lisboa: Relógio D'Água. (Obra original publicada em 1920)
McAdams, D. P. (1997). A vida narrativa: a construção de histórias pessoais. Lisboa: Edições 70.
Piaget, J. (2002). O juízo moral na criança. Lisboa: Edições 70. (Obra original publicada em 1950)

As Asas Do Desejo

Há filmes que parecem suspensos fora do tempo — como se respirassem num outro plano, mais próximo da alma do que da carne. As Asas do Desejo (1987), de Wim Wenders, é precisamente isso: uma contemplação sobre o desejo de habitar o mundo com tudo o que ele tem de imperfeito, confuso e sensorial. Uma presença importante na minha coleção física, é daqueles filmes que se vivem mais do que se explicam.

Damiel (Bruno Ganz), anjo que tudo observa e tudo escuta, começa a desejar algo que os humanos têm e ele não: peso, dor, contacto, finitude. Ele não quer apenas ver a vida — quer senti-la. Como diria Carl Rogers, "ser plenamente humano é ser vulnerável" (Rogers, 1961/2007). E é esse o percurso de Damiel: da observação segura para a experiência incerta. O filme segue essa travessia com uma doçura estranha, como quem pousa lentamente no chão depois de séculos a pairar. Ao lado de Cassiel (Otto Sander), outro anjo que ainda hesita, Damiel observa a vida cotidiana de Berlim com empatia silenciosa — até que escolhe cair.

A estrutura narrativa é fragmentada, quase etérea. Não há conflito claro, nem clímax. O que existe é um movimento interno de encarnação — uma espécie de renascimento. O preto e branco, que cede ocasionalmente à cor, marca essa transição: da eternidade para a experiência. Do eterno presente para o presente que passa. Tal como Jung sugeria, é no encontro com a "sombra" — com aquilo que foi recusado ou temido — que a individualização se concretiza (Jung, 1951/2006). Damiel mergulha, portanto, não na perdição, mas na possibilidade de se tornar inteiro.

Do ponto de vista psicológico, o filme encena a tensão entre o superego vigilante e a entrega afetiva. Damiel representa a consciência absoluta, o espírito dissociado da carne. Mas essa dissociação compromete a própria construção do eu — porque, como defende Damasio (1994/2010), é no corpo que a emoção se ancora, e é pela emoção que a identidade se estrutura. Ao escolher a imperfeição da experiência, Damiel reconstrói a própria subjetividade — uma travessia que se faz sem certezas, mas com desejo.

A figura da trapezista Marion (Solveig Dommartin) é o ponto de aterragem emocional do filme. É através dela que Damiel conhece o amor como gesto encarnado. E, ao contrário da idealização celestial, esse amor é frágil, hesitante, real. Como defendia Winnicott (1971/2005), só no encontro com o outro real é possível encontrar o verdadeiro self — e é isso que esta relação silenciosa e poética nos mostra: o outro não como objeto de contemplação, mas como sujeito de relação.

A banda sonora, que inclui Nick Cave & The Bad Seeds, inscreve a cidade de Berlim como pano de fundo não apenas geográfico, mas simbólico — uma cidade ainda dividida, onde os anjos escutam pensamentos de solidão, fragmentação e memória. O ruído da cidade, os sussurros dos transeuntes, tornam-se trilha sonora de uma humanidade difusa, sempre à procura de sentido. É um filme onde até o silêncio tem voz — e onde cada gesto mínimo parece tocar em algo eterno.

As Asas do Desejo não nos oferece uma resposta. Mas oferece-nos algo talvez mais precioso: a possibilidade de olhar o mundo com espanto — e de o tocar, finalmente, com as duas mãos.

Ficha Técnica:
As Asas do Desejo
Ano: 1987
Realização: Wim Wenders
Atores principais: Bruno Ganz, Otto Sander, Solveig Dommartin
Compositor: Jürgen Knieper (com músicas adicionais de Nick Cave & The Bad Seeds)
Duração: 128 min
Género: Drama, Fantasia

Referências:
Damasio, A. R. (2010). O erro de Descartes: emoção, razão e o cérebro humano (6.ª ed.). Lisboa: Europa-América. (Obra original publicada em 1994)
Jung, C. G. (2006). Aion: estudos sobre o simbolismo do si-mesmo (5.ª ed.). Lisboa: Edições 70. (Obra original publicada em 1951)
Rogers, C. R. (2007). Tornar-se pessoa (12.ª ed.). Lisboa: Edições 70. (Obra original publicada em 1961)
Winnicott, D. W. (1975). O brincar e a realidade (trad. brasileira). Rio de Janeiro: Imago. (Obra original publicada em 1971).

O Poder Da Música

Poucos filmes da minha coleção vibram com a energia luminosa de Blinded by the Light – O Poder da Música. Mais do que um retrato da juventude ou um musical de tributo, este é um filme sobre o poder de uma canção para abrir espaço interior.

Javed (Viveik Kalra) é um jovem britânico de origem paquistanesa que cresce nos subúrbios de Luton, em finais da década de 1980. A casa onde vive é apertada, regida por valores conservadores e por um pai intransigente que projeta sobre o filho o peso do sacrifício migratório. Fora de casa, Javed enfrenta o racismo, a crise económica e uma sensação de invisibilidade social. Até que descobre Bruce Springsteen. E tudo muda.

O filme é uma ode à força simbólica da música enquanto espaço de identificação e emancipação emocional. Nas palavras de António Coimbra de Matos, é através do "laço de seda" — essa ligação afetiva subtil mas poderosa — que a mente se torna diamante: resistente, criativa, singular. As letras de Springsteen não são apenas canções, são narrativas de resistência que ressoam na estrutura emocional de Javed, permitindo-lhe reintegrar as suas vivências num novo eixo de sentido.

A tensão familiar, contudo, não desaparece. O confronto com o pai, figura de autoridade marcada pela dor do exílio, evidencia um conflito identitário que León e Rebeca Grinberg descrevem como típico das segundas gerações migrantes: os filhos vivem entre dois mundos, sentindo-se estrangeiros em ambos. A identidade de Javed fragmenta-se entre o desejo de pertença e a lealdade ao passado familiar, sendo a música o lugar onde essa divisão se pode fundir sem desaparecer.

A perspetiva sistémica, tal como proposta por Maria da Graça Pereira em Psicologia da Saúde Familiar, ajuda a compreender os mecanismos de equilíbrio e descompensação no seio da família. O pai representa o eixo da sobrevivência; a mãe, o espaço do afeto não dito; Javed, a esperança que tenta respirar entre os dois. O filme não apresenta soluções fáceis, mas revela a importância de cada sistema em permitir — ou bloquear — a autorrealização do indivíduo.

Ao longo da narrativa, a câmara transforma-se num espelho da libertação interna: as palavras de Springsteen sobrepõem-se às imagens, as ruas ganham cor, e a subjetividade de Javed torna-se visível, audível, digna. É um momento de deslocação simbólica: a música não cura, mas permite narrar a dor de forma nova. E isso basta para começar a mudar.

A banda sonora, como não poderia deixar de ser, é central. As canções de Springsteen funcionam como catalisadores narrativos, marcando os momentos de viragem interna da personagem. Não são mero fundo sonoro — são convocatórias emocionais. E é nesse gesto de convocar o espectador para dentro do mundo subjetivo de Javed que o filme encontra o seu valor mais profundo.

Blinded by the Light não é apenas sobre um rapaz que se torna fã de Springsteen. É sobre a busca por uma voz interior. Sobre a música como espaço psíquico de resistência e reinvenção. E, acima de tudo, sobre o direito de cada um a ser escutado — mesmo quando o mundo insiste em silenciar.

Ficha Técnica:
Título original: Blinded by the Light
Ano: 2019
Realizador: Gurinder Chadha
Principais atores: Viveik Kalra, Kulvinder Ghir, Meera Ganatra
Compositor da banda sonora: Bruce Springsteen (canções originais), curadoria musical de Chadha
Género: Drama, biografia, musical Duração: 117 min

Referências:
Coimbra de Matos, A. (2006). Laço de Seda – Mente de Diamante. Lisboa: Climepsi Editores.
Grinberg, L., & Grinberg, R. (1996). Migração e Exílio: Uma visão psicanalítica. Lisboa: Climepsi Editores.
Pereira, M. G. (2011). Psicologia da Saúde Familiar. Lisboa: Climepsi Editores.

Contacto

Entre os meus DVDs, há filmes que não gritam, mas que ecoam. Contacto (1997), de Robert Zemeckis, é um desses. Adaptado do romance de Carl Sagan, é uma obra que cruza ficção científica com intimidade, razão com fé, ciência com silêncio. E talvez por isso continue a habitar um espaço próprio na minha estante — e na minha memória.

Ellie Arroway (Jodie Foster) é o centro afetivo do filme. Cientista metódica, movida por um fascínio autêntico pelo cosmos, mas ferida por um luto não resolvido — a perda precoce do pai. A sua busca por vida extraterrestre é menos uma missão científica e mais um movimento interno em direção à reconciliação com o vazio. A ausência do pai não é apenas emocional, é existencial. O que ela procura não é só vida fora da Terra — é sentido.

O encontro com Palmer Joss (Matthew McConaughey) representa mais do que um possível interesse romântico. Ele é a antítese simbólica da lógica científica: a fé. Não no sentido religioso estrito, mas como uma confiança no invisível, no inexplicável. A tensão entre os dois é a tensão entre dois modos de estar no mundo — e o filme nunca força uma síntese. Pelo contrário, deixa-os coexistir, como duas órbitas que se cruzam sem se fundirem.

O momento do contacto é um dos pontos mais interessantes do filme — porque é experienciado de forma absolutamente subjetiva. Só Ellie o vive. E quando regressa, nada pode ser provado. Esta ambiguidade narrativa transforma-se numa metáfora poderosa sobre a psicologia da experiência: a linha entre delírio e revelação, entre perceção interna e validação externa. "Como defende McAdams, o sentido de uma vida constrói-se pelas histórias que contamos sobre o que nos aconteceu — não pela verificação factual desses acontecimentos" (McAdams, 1997). A Ellie basta-lhe ter vivido. Mesmo que ninguém mais acredite.

A banda sonora de Alan Silvestri acompanha com leveza essa ambiguidade. É atmosférica, sem grandiloquência, como se quisesse deixar espaço para o silêncio entre as estrelas. Não impõe emoção — sustenta-a. Há ali uma contenção rara, que faz lembrar o som de um pensamento a formar-se, de uma dúvida que ainda não encontrou abrigo.

Contacto não é sobre alienígenas. É sobre o espaço — exterior e interior. Sobre o que fazemos com o silêncio. E sobre a pergunta que permanece quando todas as respostas falham: "Se estivermos sós... não será um enorme desperdício de espaço?" A fé de Ellie — e talvez a nossa — não está na resposta, mas na coragem de continuar a perguntar.

Ficha Técnica:
Contacto
Ano: 1997
Realização: Robert Zemeckis
Atores principais: Jodie Foster, Matthew McConaughey
Compositor: Alan Silvestri
Duração: 150 min
Género: Ficção Científica, Drama

Referência:

McAdams, D. P. (1993). The Stories We Live By: Personal Myths and the Making of the Self. New York: The Guilford Press.

Guia Para Um Final Feliz

Entre os filmes que repousam nas minhas prateleiras, Guia para um Final Feliz destaca-se como uma obra desconcertante pela sua energia caótica, mas profundamente humana: cacos de afeto, de impulsos descontrolados, de tentativas desesperadas de normalidade. Há algo de brutal e terno neste filme — como se nos dissesse que a sanidade é, muitas vezes, um pacto emocional frágil entre o que somos e o que os outros conseguem suportar.

Pat (Bradley Cooper) acabou de sair de uma instituição psiquiátrica após um episódio maníaco violento. Diagnóstico: Perturbação Bipolar do tipo I. No regresso a casa, vê-se forçado a reconstruir a sua vida e procurar um sentido para os escombros que deixou — principalmente a relação com os pais e com a ex-mulher. Entra então Tiffany (Jennifer Lawrence), uma jovem igualmente marcada por perdas e comportamentos desregulados, que, à sua maneira, também procura uma forma de sobrevivência.

A leitura clínica é inevitável. Segundo o DSM-5-TR (APA, 2023), a perturbação bipolar envolve episódios de humor elevados, frequentemente acompanhados por agitação, impulsividade e grandiosidade. Pat exibe estes traços — especialmente na sua recusa em aceitar os limites que a realidade impõe ao desejo. Mas o filme não se limita ao diagnóstico. Mostra como o afeto, quando acolhido fora da norma, pode ser veículo de transformação.

Neste ponto, torna-se pertinente o contributo de Carlos Amaral Dias, quando analisa o universo borderline como zona de transição entre a psicose e a neurose, onde o sujeito tenta organizar o caos afetivo através de vínculos intensos e por vezes destrutivos (Costurando as Linhas da Psicopatologia Borderland, Coimbra, 2017). A relação entre Pat e Tiffany é exemplar nesse sentido: são dois seres desregulados que só encontram alguma ordem na desordem partilhada. E talvez seja aí que reside a beleza do filme — na recusa em normalizar o sofrimento.

A perspetiva de António Coimbra de Matos (2014), em Nova Relação, também se impõe: a mudança psíquica acontece, muitas vezes, através de novas formas de relação emocional, capazes de acolher a angústia sem a recusar. Tiffany não cura Pat — nem o contrário. Mas ao dançarem juntos, literal e simbolicamente, criam um novo lugar onde o sofrimento deixa de ser apenas patológico, e passa a ser narrável. Este é, aliás, um dos aspetos mais comoventes do filme: a forma como o corpo, através da dança, se transforma num espaço de reencontro com a possibilidade de sentido.

Do ponto de vista mais sociocultural, Isabel Mesquita (2015), no seu livro O Que Há de Novo no Amor?, sublinha como as novas configurações do afeto obrigam a reformular os modelos clássicos de relação. Tiffany representa essa nova gramática emocional: intensa, frontal, disfuncional — mas autêntica. O filme não idealiza o amor como cura mágica, mas reconhece que há uma força de regeneração nas relações que permitem a verdade do sintoma.

A banda sonora, que mistura temas de Stevie Wonder, Alabama Shakes e Danny Elfman, contribui para esta intensidade oscilante. Alterna entre explosões rítmicas e silêncios abruptos, acompanhando os estados emocionais dos protagonistas como se fosse um sismógrafo afetivo. A música, neste caso, não oferece estabilidade: acompanha o desequilíbrio. E ao fazê-lo, reforça o tom visceral do filme.

Guia para um Final Feliz não propõe finais fechados — apenas a ideia de que a normalidade pode ser uma construção conjunta, reinventada a partir da honestidade emocional. Talvez não haja "cura" para o sofrimento humano, mas pode haver caminho — mesmo que ele passe pela pista de dança.

Ficha Técnica:
Título original: Silver Linings Playbook
Ano: 2012
Realizador: David O. Russell
Principais atores: Bradley Cooper, Jennifer Lawrence, Robert De Niro
Compositor da banda sonora: Danny Elfman (curadoria musical adicional de várias bandas)
Género: Drama psicológico, romance, comédia negra
Duração: 122 min

Referências:
APA – American Psychiatric Association. (2023). DSM-5-TR: Manual de Diagnóstico e Estatístico das Perturbações Mentais (5.ª ed. rev.). Lisboa: Climepsi Editores.
Dias, C. A. (2017). Costurando as Linhas da Psicopatologia Borderland. Coimbra: Quarteto Editora.
Mesquita, I. (2015). O Que Há de Novo no Amor?. Lisboa: Oficina do Livro.
Coimbra de Matos, A. (2014). Nova Relação. Lisboa: Climepsi Editores.

I Am Sam

Na minha coleção de DVDs, I Am Sam é daqueles filmes que regressam como uma lembrança doce mas ao mesmo tempo dolorosa. Realizado por Jessie Nelson, este drama de 2001 conta a história de Sam Dawson (Sean Penn), um homem com uma perturbação do neurodesenvolvimento que luta pela custódia da filha Lucy (Dakota Fanning). O filme não se limita a dramatizar um caso judicial; mergulha na fragilidade e na beleza do vínculo entre pai e filha, questionando até que ponto a competência parental pode ser medida por critérios estritamente racionais.

O DSM-5-TR (APA, 2023) descreve as perturbações do neurodesenvolvimento como condições que afetam a comunicação, a cognição e a autonomia adaptativa. Sam encaixa neste quadro, mas o filme mostra como o diagnóstico, embora real, não esgota a identidade do sujeito. A sua limitação não apaga a sua capacidade de amar, cuidar e criar laços – dimensões que a clínica reconhece, mas que muitas vezes a sociedade desvaloriza.

A dimensão familiar é central. Cecchin, Griffith, Elliot, Alarcão, Sluzki, Hoffman, Pakman e Costa (2001), em Terapia Familiar, Redes e Poética Social, sublinham como as redes relacionais e comunitárias podem compensar vulnerabilidades individuais. Sam, com o apoio dos amigos e da advogada Rita (Michelle Pfeiffer), mostra que a parentalidade não é um ato isolado, mas uma prática sustentada por vínculos e apoios múltiplos.

Guy Ausloos (1996), em A Competência das Famílias, reforça esta perspetiva ao defender que cada família, mesmo em contextos de crise, possui competências próprias que devem ser reconhecidas. A relação entre Sam e Lucy é prova disso: não se trata de um pai perfeito, mas de um pai que oferece à filha aquilo que tem de mais essencial – presença, afeto e autenticidade.

A tensão maior surge com a ameaça de separação. Maurice Berger (2003), em A Criança e o Sofrimento da Separação, alerta para os efeitos devastadores que a rutura precoce pode ter no desenvolvimento da criança. Lucy, ao ser afastada de Sam, experimenta não apenas a ausência física, mas a erosão do vínculo que lhe dá segurança emocional. O filme é claro ao mostrar que a perda simbólica de um pai amoroso pode ser mais lesiva do que a exposição a fragilidades práticas.

A banda sonora, composta por uma série de versões de músicas dos The Beatles, assume papel decisivo na narrativa. Cada canção ecoa o espírito de ternura e vulnerabilidade da relação pai-filha, funcionando como comentário emocional e como memória coletiva. As melodias familiares, regravadas com frescura, reforçam a ideia de que o amor, ainda que imperfeito, pode ser o fio condutor da vida.

I Am Sam é, no fundo, um manifesto contra a redução da dignidade humana a diagnósticos e relatórios. É sobre o poder do amor como competência maior, e sobre a necessidade de olharmos para além do que falta, reconhecendo o que permanece. Porque, como sugere o próprio Sam, "o amor é tudo o que se precisa" – e talvez seja, afinal, o critério mais difícil de quantificar, mas o único verdadeiramente essencial.

Ficha Técnica:
Título original: I Am Sam
Ano: 2001
Realizadora: Jessie Nelson
Principais atores: Sean Penn, Michelle Pfeiffer, Dakota Fanning
Compositor da banda sonora: Vários artistas (versões de The Beatles)
Género: Drama psicológico, familiar
Duração: 132 min

Referências:

APA – American Psychiatric Association. (2023). DSM-5-TR: Manual de Diagnóstico e Estatístico das Perturbações Mentais (5.ª ed. rev.). Lisboa: Climepsi Editores.

Cecchin, G., Griffith, J., Elliot, M., Alarcão, M., Sluzki, C., Hoffman, L., Pakman, M., & Costa, J. A. (2001). Terapia Familiar, Redes e Poética Social. Lisboa: Climepsi Editores.

Ausloos, G. (1996). A Competência das Famílias. Lisboa: Climepsi Editores.

Berger, M. (2003). A Criança e o Sofrimento da Separação. Lisboa: Climepsi Editores.

O Amor é um Lugar Estranho

Entre os títulos da minha coleção física, há filmes que não precisam de enredo para nos prender. Lost in Translation – O Amor é um Lugar Estranho (2003), realizado por Sofia Coppola, é um deles. Sempre que o coloco no leitor, tenho a sensação de que não sou eu que o vejo — é o filme que olha de volta. Com delicadeza, sem ruído, sem urgência.

Bob Harris (Bill Murray) e Charlotte (Scarlett Johansson) encontram-se num hotel em Tóquio, cada um suspenso numa espécie de parêntesis emocional. Ele, um ator em declínio, envelhecido, com um casamento adormecido. Ela, recém-casada, perdida entre o que esperava sentir e o que o silêncio lhe revela. Ambos vivem num espaço indefinido — onde o tempo parece parado, e onde a intimidade emerge sem promessas nem futuro.

A narrativa é mínima, quase ausente, mas densamente carregada de não-ditos. O filme trabalha com silêncios, olhares e hesitações. O que não se diz tem mais peso do que qualquer diálogo. Charlotte move-se como uma personagem "winnicottiana" — alguém ainda no espaço potencial, entre o que é esperado socialmente e a emergência tímida de um verdadeiro self (Winnicott, 2005). Já Bob carrega o cansaço de quem entrou em colapso emocional lento, quase impercetível. A sua crise não é um grito — é um suspiro.

Há aqui uma leitura possível a partir da psicologia narrativa. Como defende McAdams, a construção de sentido nas nossas vidas faz-se por pequenas histórias de relação, momentos de conexão íntima que estruturam o eu (McAdams, 1993). A ligação entre Bob e Charlotte é isso: uma narrativa breve, mas fundadora. Não é amor romântico, nem amizade convencional. É presença partilhada. É a experiência de ser visto, mesmo que apenas por instantes — e isso basta.

Tóquio aparece como cenário, mas também como metáfora. Uma cidade ruidosa, saturada de estímulos, que amplifica o vazio interior das personagens. Há uma sensação de deslocamento constante. Tudo está perto, mas nada toca.

A banda sonora — com temas de Air, Phoenix e os acordes suspensos de Kevin Shields — não embala, traduz. Funciona como reflexo do estado emocional das personagens: disperso, etéreo, adiado.

No final, aquele sussurro ao ouvido permanece secreto. O filme recusa-nos a palavra, mas entrega-nos o gesto. E é nisso que reside a beleza: não precisamos de saber o que foi dito — sabemos o que foi sentido.

Ficha Técnica:
Lost in Translation – O Amor é um Lugar Estranho
Ano: 2003
Realização: Sofia Coppola
Atores principais: Bill Murray, Scarlett Johansson
Compositor: Kevin Shields
Duração: 102 min
Género: Drama, Romance

Referências:
McAdams, D. P. (1993). As histórias que vivemos: o mito pessoal e a construção do eu. Lisboa: Edições 70.
Winnicott, D. W. (2005). O brincar e a realidade (4.ª ed.). Lisboa: Climepsi Editores. (Obra original publicada em 1971)

Morrer Em Las Vegas

Poucos filmes confrontam o espectador com tanta crueza e dignidade como Morrer em Las Vegas. Um DVD que está no topo dos encontros difíceis com a dor humana. É um filme que pede silêncio depois do genérico, não por falta de palavras, mas porque todas parecem inúteis.

Ben Sanderson (Nicolas Cage) é um argumentista de Hollywood afundado num alcoolismo terminal. Já não tenta esconder, justificar ou mudar. Após perder o emprego e os laços sociais mais básicos, muda-se para Las Vegas com um único propósito: beber até morrer. É nesse cenário que conhece Sera (Elisabeth Shue), uma prostituta com feridas tão fundas como as dele. Entre ambos nasce um pacto silencioso: não julgar.

A representação de Ben é, do ponto de vista clínico, uma das mais rigorosas traduções cinematográficas da Perturbação por Uso de Álcool grave, como descrita no DSM-5-TR (APA, 2023). Apatia afetiva, deterioração cognitiva progressiva, isolamento social extremo, incapacidade de controlo e persistência do uso apesar das consequências físicas e relacionais devastadoras. Não se trata de um retrato moralista ou redentor, mas de um afundamento realista no ponto em que a identidade é dominada pela substância.

Mas o que surpreende — e fere — é a ausência de esperança narrativa. Ben não quer ser salvo. O vínculo com Sera, tal como descrito por Domingos Neto em Psicoterapia Emocional e Bonding (2007), surge não como cura, mas como espaço de reconhecimento simbólico. "Não mudes nada em mim", diz ele a Sera. O amor aqui não salva, mas humaniza. A relação serve como contenção emocional no fim da linha: dois náufragos que não tentam remar, apenas abraçam-se à deriva.

O álcool, neste caso, não é apenas vício. É projeto de morte. Tal como referem Ferreira-Borges e Cunha Filho em Alcoolismo e Toxicodependência (2011), há perfis em que a dependência se torna modo de vida e, mais tarde, forma de morrer. Ben não está em negação — ele está em aceitação radical da sua condição, o que torna tudo mais perturbador.

Adès e Lejoyeux, em Comportamentos Alcoólicos e Seu Tratamento (2001), falam da passagem do uso instrumental do álcool (para alívio emocional) para o uso autodestrutivo — fase em que o sujeito já não teme o dano, antes o deseja, como se a dor física fosse a única coisa que ainda valida a existência. A trajetória de Ben condensa esse itinerário: do alívio ao aniquilamento.

A música de Mike Figgis, também realizador do filme, acompanha esta espiral com um jazz melancólico, quente e sombrio. Saxofones que ecoam como lamentos, em contraponto às luzes brilhantes de uma cidade que aqui surge como palco do fim — não uma festa decadente, mas um velório a céu aberto. A banda sonora nunca tenta comover. Apenas acompanha a queda com respeito.

Morrer em Las Vegas é uma narrativa sobre o abandono. Abandono da vida, do corpo, da possibilidade de cura. Mas também é um filme sobre o respeito pelo outro mesmo quando nada há a oferecer. É, paradoxalmente, uma história de amor — não no sentido romântico, mas no mais cru dos significados: aceitar o outro tal como ele é, até ao fim.

Ficha Técnica:
Título original: Leaving Las Vegas
Ano: 1995
Realizador: Mike Figgis
Principais atores: Nicolas Cage, Elisabeth Shue
Compositor da banda sonora: Mike Figgis
Género: Drama psicológico, romance trágico
Duração: 111 min

Referências:

APA – American Psychiatric Association. (2023). DSM-5-TR: Manual de Diagnóstico e Estatístico das Perturbações Mentais (5.ª ed. rev.). Lisboa: Climepsi Editores.

Neto, D. (2007). Psicoterapia Emocional e Bonding. Lisboa: Climepsi Editores.

Ferreira-Borges, C., & Cunha Filho, H. (2011). Alcoolismo e Toxicodependência. Lisboa: Climepsi Editores.

Adès, J., & Lejoyeux, M. (2001). Comportamentos Alcoólicos e Seu Tratamento. Lisboa: Climepsi Editores.

Mulholland Drive

Há filmes que não se veem — experimentam-se. Mulholland Drive (2001), de David Lynch, pertence a esse território rarefeito onde a narrativa se dissolve na psicologia, e o tempo deixa de obedecer à lógica. É, sem dúvida, um dos títulos mais hipnóticos da minha coleção — um espelho partido onde cada fragmento reflete um estado psíquico em tensão.

À superfície, tudo parece um filme noir de aspiração clássica: Betty (Naomi Watts), uma jovem atriz cheia de esperança, chega a Los Angeles e conhece Rita (Laura Harring), uma mulher amnésica. Mas esta linha narrativa inicial é uma ilusão cuidadosamente construída. Mulholland Drive não conta uma história — revela um colapso. A sua verdadeira substância é a dissociação, a idealização narcísica, e o confronto brutal com aquilo que o inconsciente já não consegue recalcar.

A primeira parte do filme encena uma fantasia — uma defesa elaborada por uma mente em negação. Betty não é uma personagem: é uma versão idealizada de si mesma, fabricada como refúgio perante a perda, o ciúme e a culpa. A segunda parte rasga essa fantasia. Desvenda, sem aviso, os restos da verdade psíquica: Diana, desfeita, ressentida, destruída pela rejeição. Aqui, a narrativa funciona como um mecanismo de defesa freudiano — uma condensação onírica onde os desejos recalcados e os traumas não elaborados emergem em forma de ilusão (Freud, 1900/2006).

Mas também há Jung nesta estrutura. Rita e Betty são duas faces do arquétipo feminino, ora Anima idealizada, ora sombra inconsciente. A jornada de Diana é fragmentada, sem redenção — uma tentativa falhada de individuação, bloqueada pela inveja, pela impotência e pela ausência de simbolização do fracasso amoroso (Jung, 1959/2007).

Do ponto de vista psicopatológico, o filme sugere um quadro de perturbação dissociativa de identidade, impulsionada por trauma afetivo e idealização narcísica. A perda não é apenas de uma relação: é do lugar simbólico que essa relação ocupava no Eu. A mente desfaz-se — como as cenas que se repetem, mas deformadas. Como se a psique procurasse, em loop, um ponto de reorganização que já não encontra. McAdams (1993/2001) lembra que a identidade narrativa colapsa quando os eventos ultrapassam os modelos internos de coerência — e é isso que Mulholland Drive encena: um Eu sem história onde habitar.

A cena do Club Silencio é o ponto de rutura. "No hay banda", diz a voz — e tudo se revela como construção. É o momento em que a dissociação cede ao abismo. O som, o gesto, o afeto... tudo deixa de ter referente. A identidade já não se sustenta.

A banda sonora de Angelo Badalamenti acentua este colapso com elegância sombria. Não pontua — afoga. A música, tal como a psique em crise, repete-se, desdobra-se, sem permitir repouso emocional.

Mulholland Drive não é um enigma a resolver. É um sofrimento a sentir. Um filme sobre o que a mente faz para continuar a existir quando o real é intolerável. Sobre a fantasia como último reduto do Eu — e sobre o preço de acordar.

Ficha Técnica:
Mulholland Drive
Ano: 2001
Realização: David Lynch
Atores principais: Naomi Watts, Laura Harring, Justin Theroux
Compositor: Angelo Badalamenti
Duração: 147 min
Género: Drama psicológico / Thriller onírico

Referências:
Freud, S. (2006). A interpretação dos sonhos. In S. Freud, Obras Completas – Volume IV (pp. 17–510). Lisboa: Relógio D'Água. (Obra original publicada em 1900)
Jung, C. G. (2007). O homem e os seus símbolos (10.ª ed.). Lisboa: Edições 70. (Obra original publicada em 1959)
McAdams, D. P. (1997). A vida narrativa: a construção de histórias pessoais. Lisboa: Edições 70. (Obra original publicada em 1993)

O Fabuloso Destino De Amélie

Este filme vive há uns bons 20 anos na minha coleção. Cada vez que o retiro da prateleira lembro-me de que nem todos os destinos precisam de ser grandiosos — basta que sejam sentidos. O Fabuloso Destino de Amélie (2001), realizado por Jean-Pierre Jeunet, é um daqueles raros filmes que conseguem falar de solidão com leveza, e de tristeza com cor.

Amélie Poulain não é apenas uma jovem excêntrica: é alguém que cresceu num ambiente emocionalmente contido, desenvolvendo uma visão particular do mundo como forma de sobreviver à ausência de contacto genuíno. O seu mundo interior é riquíssimo, mas fechado — como se os afetos tivessem de passar primeiro por um filtro estético antes de se tornarem reais. Esta armadura emocional —

feita de gestos, rotinas e pequenas missões — não deixa de ser um mecanismo de defesa subtil, um modo compensatório de dar sentido a relações que nunca chegaram a ser plenamente vividas.

A narrativa mostra-nos que Amélie não está propriamente à procura do amor, mas da coragem para o viver. Ajudar os outros é a sua forma de contornar a intimidade. Cada gesto aparentemente altruísta é, ao mesmo tempo, um passo em direção a si mesma. Nota-se aqui a presença de um conflito entre o desejo de pertença e o medo do confronto com o outro real — um traço frequentemente observado em estruturas de personalidade ansiosas, marcadas por evitamento social e idealização relacional (Beck, 2005). A estética do filme — saturada, poética, quase irreal — não é apenas estilo: é o reflexo da perceção de Amélie. O mundo que ela vê é uma projeção do seu desejo de controlo sobre uma realidade que lhe parece sempre um pouco incerta.

Essa construção estética aproxima o filme de uma leitura psicossomática: o corpo e a emoção reagem ao mundo através de imagens, arquétipos e símbolos (Jung, 1991). E aqui, essas imagens são feitas de cor, fantasia e leveza organizada — uma espécie de contenção emocional transformada em forma visual. O quotidiano, sob o olhar de Amélie, deixa de ser banal para se tornar rito, gesto, signo.

A banda sonora de Yann Tiersen é absolutamente central. Não acompanha — traduz. O acordeão e o piano, num registo delicado e repetitivo, reforçam a sensação de infância suspensa, de tempo emocional que não passou. É uma música que não cresce, mas que se enrosca. Como Amélie.

A relação com Nino é, no fundo, um teste. Um risco. Um salto fora do enredo que ela própria construiu para si. E é nessa cedência ao real — imperfeito, incerto, humano — que o fabuloso destino de Amélie se cumpre. Não por ser extraordinário, mas por ser finalmente verdadeiro.

Ficha Técnica:
Título original: Le Fabuleux Destin d'Amélie Poulain
Ano: 2001
Realizador: Jean-Pierre Jeunet
Principais atores: Audrey Tautou, Mathieu Kassovitz, Rufus
Compositor: Yann Tiersen
Duração: 122 min
Género: Comédia dramática, Romance

Referências:
Beck, A. T. (2005). Terapia cognitiva dos transtornos de personalidade (3.ª ed.). Artmed.
Jung, C. G. (1991). A energia da alma (4.ª ed.). Edições 70.

Para Onde O Vento Sopre

Há filmes que não procuram grandes narrativas — apenas sintonizar-se com o que vibra por dentro. Any Way the Wind Blows (2003), realizado por Tom Barman, é um desses casos raros: um filme que não se vê tanto com os olhos, mas com o ritmo. Não tem urgência de contar — apenas de captar. E é essa suspensão entre o tédio e o desejo que o fixa na minha prateleira como um retrato emocional de uma geração à deriva.

Estamos em Antuérpia, num dia de verão. Mas este calor nada tem de idílico: é abafado, inquieto, como uma pressão invisível sobre personagens que não chegam a encontrar-se. Um DJ introspetivo, um polícia desencantado, uma ilustradora entre crises, uma telefonista que sonha fugir. Os seus trajetos cruzam-se brevemente, sem desenlace. O filme não quer resolver — quer observar.

Esta recusa da estrutura clássica aproxima-se de um cinema existencial, próximo da melancolia urbana de Lost in Translation ou da deriva afetiva de Slacker, mas com um sabor belga mais amargo, menos redentor. A narrativa é fragmentária por opção, com cortes abruptos, espaços entre diálogos, gestos suspensos. Essa fluidez espelha a crise de identidade pós-moderna (Bauman, 2001/2005): sujeitos que não se fixam, não pertencem, não se encontram. Há um vazio que não é trágico — é banal. Mas, talvez por isso, mais real.

Do ponto de vista psicológico, a experiência emocional das personagens ressoa com a ideia de self difuso (Gergen, 1991/2009), fragmentado pela multiplicidade de papéis, pela sobrecarga sensorial, pelo desencaixe entre desejo e ação. O mal-estar não se materializa em colapso, mas em desconexão. O vento — metáfora central — aparece não como agente transformador, mas como presença que remexe sem alterar. Um símbolo de movimento sem destino, de impulso sem foco.

O som, aqui, é tudo. A banda sonora, cuidadosamente curada pelo próprio realizador (músico da banda dEUS), mistura eletrónica downtempo, soul, dub e indie pop com uma precisão que ultrapassa a função decorativa. Cada faixa serve de espelho emocional — prolonga o que não se diz, amplifica o que se sente. É uma música de interiores: ambígua, envolvente, íntima. A presença sonora tem algo de Winnicott (1971/2005): sustenta emocionalmente o que o enredo não segura, oferecendo um espaço potencial onde as personagens (e nós) podem simplesmente ser.

Any Way the Wind Blows não propõe soluções. Apenas a sensação persistente de que há algo por fazer, por dizer, por sentir — e que talvez nunca aconteça. E é nesse quase, nesse inacabado, que o filme encontra a sua força. Não aponta saídas — apenas escuta o desconforto de estar vivo. Sem certezas. Com vento.

Ficha Técnica:
Any Way the Wind Blows
Ano: 2003
Realização: Tom Barman
Atores principais: Frank Vercruyssen, Diane De Belder, Eric Kloeck
Compositor / Curadoria musical: Tom Barman
Duração: 127 min
Género: Drama / Slice of Life / Musical atmosférico

Referências:
Bauman, Z. (2005). Identidade. Lisboa: Relógio D'Água. (Obra original publicada em 2001)
Gergen, K. J. (2009). O Eu saturado: dilemas da identidade na vida contemporânea. Lisboa: Instituto Piaget. (Obra original publicada em 1991)
Winnicott, D. W. (1975). O brincar e a realidade. Rio de Janeiro: Imago. (Obra original publicada em 1971)

Rain Man

Rain Man ocupa um lugar invulgar na minha coleção. Entre thrillers densos e dramas intimistas, este filme parece discreto — mas nunca irrelevante. É um desses títulos que se instala lentamente, sem espetáculo, mas com uma precisão emocional que o tempo não desgasta.

Realizado por Barry Levinson, com Tom Cruise e Dustin Hoffman, é um retrato inesperadamente delicado da transformação interna de um homem que descobre no outro — no mais improvável dos outros — o espelho da sua própria carência afetiva.

Charlie Babbitt (Tom Cruise) é o produto da era Reagan: agressivo, autocentrado, consumista. No início, o seu mundo parece girar sobre um único eixo — o lucro. A morte do pai surge como um incómodo logístico, não como perda.

Só mais tarde descobre que parte da herança foi destinada a um irmão que desconhecia: Raymond, internado há décadas numa instituição psiquiátrica. Esse encontro abre caminho a uma viagem que, embora mascarada de rapto, é, na verdade, um regresso ao vínculo primário que Charlie nunca teve.

Raymond (Dustin Hoffman) apresenta um quadro compatível com a Perturbação do Espectro do Autismo, mais especificamente com a variante savant, segundo os critérios definidos pelo DSM-5 (APA, 2015). O seu comportamento é marcado por rotinas rígidas, literalidade verbal, hipersensibilidade sensorial e uma habilidade extraordinária para o cálculo. Mas Rain Man evita reduções fáceis — não o transforma num "género especial" nem numa caricatura. O que vemos é um sujeito com uma lógica própria, resistente ao contacto afetivo, mas coerente no seu mundo.

A relação entre os irmãos é inicialmente instrumental. Charlie quer o dinheiro, Raymond é o obstáculo. Mas a estrada que percorrem juntos torna-se um espaço emocional transicional, onde algo mais profundo se inscreve. Segundo Erikson (1968/2001), cada fase da vida traz uma crise psicossocial: para Charlie, esta é a crise da intimidade, que até então evitara através da performance e da distância. O encontro com Raymond obriga-o a rever o que é confiar, cuidar e aceitar limites. Começa a desenvolver o que Winnicott chamaria de "capacidade de estar só na presença do outro".

A convivência diária com um irmão emocionalmente inacessível obriga Charlie a reconhecer, sem palavras, a falta de afeto que carregava consigo. Como refere Daniel Sampaio (2010), muitos adultos que crescem em ambientes familiares distantes desenvolvem uma postura defensiva, onde o afeto é temido porque nunca foi treinado. O que Charlie aprende não é a amar no sentido romântico ou protetor, mas a permanecer com o outro, sem o tentar mudar.

Maria Helena André (2005) reforça a ideia de que sujeitos com desenvolvimento atípico vivem frequentemente em instituições que reforçam o distanciamento afetivo, perpetuando um modelo de proteção sem relação. Mas é na convivência, no contacto improvisado, que Raymond começa, subtilmente, a confiar. Não o diz. Não o demonstra como se espera. Mas aceita o toque, responde com um "sim" contido, ajusta-se à presença do irmão — o suficiente para que o vínculo emerja.

Isabel Leal (2013) defende que os sistemas familiares que integram a diferença sem imposição tendem a desenvolver maior resiliência emocional. Charlie, no final, já não exige que Raymond "melhore" ou "comunique melhor" — aceita-o como é. E nesse gesto, descobre um afeto desprovido de controlo. Uma nova forma de estar, que não serve o ego, mas a relação.

A banda sonora de Hans Zimmer acompanha esta viagem interior com discrição e profundidade. É uma música de texturas emocionais subtis, que traduz o espaço entre os silêncios — uma cadência que nunca se impõe, mas acolhe. Zimmer constrói um universo sonoro onde as emoções não são dramatizadas, mas esboçadas, como sussurros da consciência em transformação.

Rain Man não tem um final catártico. Os irmãos separam-se. A herança não muda. O mundo exterior permanece igual. Mas dentro de Charlie, algo foi reestruturado — e essa mudança não tem nome clínico, nem diagnóstico. Tem apenas o nome que damos à maturidade emocional: presença.

Ficha Técnica:
Título original: Rain Man
Ano: 1988
Realizador: Barry Levinson
Principais atores: Tom Cruise, Dustin Hoffman
Compositor da banda sonora: Hans Zimmer
Género: Drama psicológico, drama familiar
Duração: 133 min

Referências:
American Psychiatric Association. (2015). Manual Diagnóstico e Estatístico de Transtornos Mentais – DSM-5 (Edição portuguesa). Lisboa: Climepsi.
André, M. H. (2005). Psicopatologia do desenvolvimento. Lisboa: Climepsi.
Erikson, E. (2001). Infância e sociedade (trad. portuguesa). Lisboa: Arménio Amado. (Obra original publicada em 1968)
Leal, I. (2013). Psicologia clínica e da saúde: Perspetivas atuais. Lisboa: Climepsi.
Sampaio, D. (2010). A arte da fuga. Lisboa: Dom Quixote.

Terapia De Choque

Entre os filmes mais improváveis da minha coleção física, Terapia de Choque ocupa um lugar peculiar. Não é, à primeira vista, uma escolha óbvia para quem procura profundidade psicológica. Mas é precisamente nesse disfarce de comédia absurda que o filme de Peter Segal esconde um retrato surpreendentemente complexo de repressão emocional, défice de identidade e mecanismos de defesa. Revê-lo em DVD foi reencontrar, por entre o riso, uma narrativa simbólica sobre o colapso interno de um homem demasiado treinado para não sentir.

Dave Buznik (Adam Sandler) é um homem contido, reprimido, ansioso. Vive dominado por uma raiva passiva, encapsulada em gestos de submissão e evitamento. À superfície, parece funcional. Mas o que Terapia de Choque expõe é o perigo da não-expressão emocional: a raiva não desaparece — transforma-se em sintomas. Como descreve o DSM-5-TR(APA, 2023), muitas perturbações de ansiedade e de adaptação são consequência direta da supressão afetiva, especialmente quando associada a um padrão de evitamento crónico.

É neste contexto que surge o Dr. Buddy Rydell (Jack Nicholson), figura paradoxal de terapeuta e provocador. Ao invés de aplicar técnicas convencionais, Rydell encarna o papel de espelho exagerado, expondo as defesas de Dave ao limite. O modelo clínico é tudo menos ortodoxo, mas evoca, de forma simbólica, aquilo que Cyssau (2006) nomeia como "função de confronto da entrevista clínica": quando o terapeuta não apenas escuta, mas interpela — e o faz de forma desconcertante, quebrando as resistências que bloqueiam o acesso ao verdadeiro eu.

Dave não consegue aceder às suas emoções porque nunca aprendeu a nomeá-las. Como explica António Coimbra de Matos (2014), a depressão não surge apenas da tristeza, mas da impossibilidade de expressão emocional espontânea. A raiva, o desejo, a frustração — tudo em Dave está encapsulado numa persona submissa, construída desde a infância como mecanismo de autoproteção. A suposta "terapia de choque" é, na verdade, uma desconstrução simbólica dessa máscara.

Ao longo do filme, vamos assistindo a momentos de regressão, acting-out e desorganização emocional que, embora envoltos em comicidade, evidenciam um sujeito em rutura. João Carlos Melo (2017) sublinha que o inconsciente atua como uma matriz neuropsicológica de memórias e padrões emocionais que resistem à consciência. No caso de Dave, o inconsciente parece repetir compulsivamente padrões de submissão, até que a intervenção do "terapeuta" o obriga a reescrever essa narrativa.

O final do filme, apesar da resolução feliz típica de Hollywood, deixa implícita a ideia de que a mudança verdadeira só ocorre quando se reintegra a raiva como emoção legítima — não como ameaça. A terapia, aqui, não cura Dave. Mas revela-lhe um caminho possível: o da autenticidade emocional.

A banda sonora de Teddy Castellucci cumpre um papel discreto mas funcional. Ritmada e cómica, acompanha o tom geral da narrativa, sem se sobrepor à tensão simbólica. A ausência de grandes momentos musicais reforça a sensação de contenção emocional que o próprio protagonista vive.

Terapia de Choque não é apenas uma comédia exagerada. É um espelho satírico de uma sociedade onde a repressão emocional é muitas vezes confundida com civilidade, e onde o medo de sentir se disfarça de normalidade. Um filme que, debaixo do riso, pede para ser escutado com seriedade.

Ficha Técnica:
Título original: Anger Management
Ano: 2003
Realizador: Peter Segal
Principais atores: Adam Sandler, Jack Nicholson, Marisa Tomei
Compositor da banda sonora: Teddy Castellucci
Género: Comédia, drama psicológico
Duração: 106 min

Referências:
APA – American Psychiatric Association. (2023). DSM-5-TR: Manual de Diagnóstico e Estatístico das Perturbações Mentais (5.ª ed. rev.). Lisboa: Climepsi Editores.
Cyssau, C. (2006). A Entrevista em Clínica. Lisboa: Climepsi Editores.
Coimbra de Matos, A. (2014). A Depressão. Lisboa: Climepsi Editores.
Melo, J. C. (2017). O Inconsciente Está no Cérebro. Lisboa: Climepsi Editores.

Uma Questão De Nervos

Entre os discos da minha coleção física repousa um filme que, à primeira vista, parece apenas uma comédia ligeira sobre mafiosos e psicanálise. Mas Uma Questão de Nervos, de Harold Ramis, merece mais atenção do que o rótulo de "comédia de domingo à tarde". Ao revisitá-lo em DVD, fui surpreendido por uma sátira subtil ao universo clínico, ao conceito de masculinidade tóxica e ao peso do sintoma quando já não pode mais ser silenciado. Aqui, o riso é só a superfície: o que emerge no subtexto é uma reflexão sobre o lugar da vulnerabilidade emocional num mundo regido pelo poder e pelo medo.

Paul Vitti (Robert De Niro), um poderoso chefe da máfia, começa a ter ataques de pânico inexplicáveis. Incapaz de manter a sua autoridade, vê-se forçado a procurar ajuda junto de um psicoterapeuta relutante, Ben Sobel (Billy Crystal).

O filme começa como uma inversão de papéis clássicos, mas depressa se transforma numa paródia profunda sobre a função do sintoma — aquilo que Freud descreveu como o retorno do recalcado. As crises de Vitti não são apenas disfunções psíquicas; são sinais de uma rutura simbólica, onde o poder já não mascara a dor.

O DSM-5-TR (APA, 2023) reconhece os ataques de pânico como manifestações súbitas de medo intenso, frequentemente associadas a perturbações de ansiedade e stress pós-traumático. No caso de Vitti, há uma sobreposição com quadros de stress crónico e perturbação de ajustamento. O filme brinca com essa indefinição, mas não foge à verdade clínica: o corpo denuncia o que a mente tenta calar. E quando isso acontece, nem a estrutura hierárquica da máfia consegue proteger o indivíduo da implosão interna.

A tensão entre a racionalidade do terapeuta e a impulsividade do paciente é bem ilustrada nas sessões entre Vitti e Sobel. Catherine Cyssau (2006) sublinha como, em clínica, a entrevista não é apenas um espaço de recolha de dados, mas de negociação relacional. Aqui, essa negociação é literal e tensa: Sobel teme Vitti, tenta manter o distanciamento técnico, mas é arrastado para dentro de uma relação transferencial intensa, marcada por ameaças e apelos emocionais disfarçados de ordens.

Por outro lado, o stress vivido por Vitti é enquadrado com inesperada precisão. Segundo Graziani e Swendsen (2013), o stress crónico interfere com o controlo emocional, a perceção de ameaça constante e a capacidade de regulação interna. Vitti é uma caricatura distorcida de um paciente real: alguém que nunca teve espaço simbólico para expressar dor, perda ou insegurança. Quando esses afetos emergem, o sistema colapsa — e o sintoma impõe-se.

No fundo, Uma Questão de Nervos aborda, com leveza, uma verdade clínica pesada: a ansiedade reprimida pode tornar-se um campo de batalha interno. Como escreve Graziani (2011), as perturbações da ansiedade muitas vezes surgem quando os mecanismos de defesa deixam de ser eficazes. Vitti é a representação do colapso desses mecanismos: um corpo que falha, uma mente que vacila, e uma masculinidade que já não consegue esconder-se atrás da força.

O humor do filme não banaliza o sofrimento — expõe-no, em modo disfarçado. E é talvez por isso que o riso que ele provoca deixa um travo amargo. Sobel não cura Vitti, mas oferece-lhe um espelho. E, como tantos terapeutas, também ele se vê afetado pela proximidade com o sofrimento alheio, mesmo quando este se apresenta em forma de ameaça.

A banda sonora, discretamente jazzística, acompanha esse jogo entre tensão e alívio. A música nunca assume o protagonismo, mas serve como moldura emocional — ora acentuando o absurdo das situações, ora dando um tom quase melancólico às falhas de Vitti. É uma trilha sonora que, como a própria terapia, não resolve — mas escuta.

Uma Questão de Nervos é uma comédia terapêutica sobre o fracasso dos mecanismos de defesa. E, nesse fracasso, encontra-se a oportunidade para a mudança. Ou, pelo menos, para a escuta. Porque, às vezes, rir é apenas outra forma de sobreviver àquilo que nos destrói por dentro.

Ficha Técnica:
Título original: Analyze This
Ano: 1999
Realizador: Harold Ramis
Principais atores: Robert De Niro, Billy Crystal, Lisa Kudrow
Compositor da banda sonora: Howard Shore
Género: Comédia psicológica
Duração: 103 min

Referências:

APA – American Psychiatric Association. (2023). DSM-5-TR: Manual de Diagnóstico e Estatístico das Perturbações Mentais (5.ª ed. rev.). Lisboa: Climepsi Editores.

Cyssau, C. (2006). A Entrevista em Clínica. Lisboa: Climepsi Editores.

Graziani, P. (2011). Ansiedade e Perturbações da Ansiedade. Lisboa: Climepsi Editores.

Graziani, P., & Swendsen, J. (2013). O Stress. Lisboa: Climepsi Editores.

Capítulo 6: Crítica Social, Alienação E Violência

Neste capítulo, o cinema deixa de ser espelho e torna-se faca. São filmes que cortam fundo nas estruturas da sociedade — expondo desigualdades, denunciando hipocrisias, revelando os mecanismos de opressão e os limites da sanidade num mundo que muitas vezes normaliza a crueldade.

Aqui, a violência nem sempre é explícita — mas está sempre latente. Vive nas relações de poder, nas injustiças quotidianas, nos gestos que desumanizam. As personagens movem-se em cenários marcados pelo colapso ético, pela alienação emocional, pela tentativa desesperada de resistir ou escapar.

Estes filmes não oferecem conforto. Desafiam. Confrontam. E obrigam-nos a perguntar até que ponto o mundo que habitamos contribui para o vazio que carregamos.

América Proibida

A fugir mais uma vez aos algoritmos, desta vez peguei num dos filmes mais marcantes e impactantes da minha coleção de DVDs, e embora pesado no tema, permite uma análise psicológica profunda da transformação pessoal, da influência familiar e social, e da desconstrução de crenças radicais.

América Proibida é uma aula de psicologia crua e sem filtros sobre os mecanismos do ódio. Derek Vinyard é o centro desta espiral — um jovem brilhante e carismático cuja trajetória extremista nasce da perda, da frustração e da influência de figuras paternas distorcidas. O filme não tem medo de nos colocar frente a frente com a raiva institucionalizada, mas o mais notável é a forma como expõe a possibilidade de redenção, sem a romantizar. Esta transformação ressoa com o conceito de ressignificação narrativa descrito por Jerome Bruner, onde a mudança de sentido é possível quando se reorganizam os marcos interpretativos da própria história de vida (Bruner, 2002).

A realização de Tony Kaye é fria e frontal, contrastando com a profundidade emocional de Derek, vivido com intensidade por Edward Norton. A estrutura narrativa alterna entre presente e passado, usando o preto e branco como marca temporal e emocional — o trauma, o passado radical, a lavagem cerebral. A cor só regressa quando Derek começa a olhar o mundo de forma diferente. O uso cromático torna-se assim uma metáfora visual da consciência — entre o dogmatismo fechado e a abertura à dúvida.

Do ponto de vista psicológico, o filme mergulha nos ciclos de violência transgeracional, no papel das ideologias como resposta ao medo e na dificuldade de desconstruir sistemas de crença quando estes estão enraizados em relações afetivas. Aqui podemos identificar elementos do modelo sistémico familiar de Bowen, particularmente a transmissão multigeracional de padrões emocionais e a função dos filhos como prolongamento simbólico das crenças parentais (Carter & McGoldrick, 2001). O irmão mais novo, Danny, representa esse reflexo — um espelho do que Derek foi, e do que ainda poderá ser, se nada mudar.

A banda sonora, composta por Anne Dudley, sublinha com sobriedade o tom grave do filme, evitando dramatismos fáceis e contribuindo para a construção de uma atmosfera quase documental.

América Proibida não oferece soluções, mas obriga a um confronto direto com as consequências das narrativas de ódio. É um filme que dói — mas que transforma. E que, por isso mesmo, merece estar nesta prateleira.

Ficha Técnica:
Título original: American History X
Ano: 1998
Realizador: Tony Kaye
Principais atores: Edward Norton, Edward Furlong, Beverly D'Angelo, Stacy Keach
Compositora: Anne Dudley
Duração: 119 min
Género: Drama

Referências:

Bruner, J. (2002). A construção narrativa da realidade (2.ª ed.). Edições 70.
Carter, B., & McGoldrick, M. (2001). As mudanças no ciclo de vida familiar: Uma estrutura para a terapia familiar (2.ª ed.). Climepsi Editores.

Psicopata Americano

Este título vive há anos na minha prateleira, não pelo conforto que proporciona, mas precisamente pelo oposto. Psicopata Americano (2000), realizado por Mary Harron, não se vê — suporta-se. É uma experiência incómoda, clínica, quase cirúrgica, sobre o que acontece quando a identidade se dilui na performance social. Um filme que transforma a superfície em abismo.

Patrick Bateman (Christian Bale) é, formalmente, um jovem executivo de sucesso. Mas essa definição é uma fachada — o que ali habita não é um sujeito, mas um constructo. Uma persona vazia, obsessivamente modelada pelas normas estéticas e de consumo da Nova Iorque dos anos 80. Dieta, treino, cremes, fatos, cartões-de-visita — a sua humanidade resume-se à gestão obsessiva da imagem. O seu discurso interior é um eco estéril: fala de música pop como quem recita catálogos. Fala de si como quem descreve uma marca.

Psicologicamente, Bateman é um estudo radical da dissociação. Poderíamos classificá-lo como portador de um transtorno de personalidade antissocial com traços narcisistas, mas isso seria simplificar. Ele não representa apenas uma psicopatologia individual. Representa uma cultura. É "a metáfora viva de um sistema económico e social onde a empatia é dispensável e o eu se torna uma performance contínua" (Baudrillard, 2007). A violência de Bateman não se destaca — dissolve-se num universo onde o espetáculo substituiu o afeto.

Freud descreveu a pulsão de morte como uma força regressiva, silenciosa, que se manifesta pela repetição compulsiva de atos sem emoção consciente — um retorno ao inorgânico sob forma de destruição (2006). Em Bateman, essa força emerge sem dramatismo: mata sem prazer, sem culpa, como se estivesse a seguir um guião interior que ele próprio desconhece. O outro é presença descartável, não simbólica. Um obstáculo, ou um espelho.

Do lado da psicologia humanista, Maslow talvez visse em Bateman um exemplo distorcido de autorrealização falhada — alguém que subiu até ao topo da pirâmide material sem jamais satisfazer as necessidades mais básicas de pertença e ligação (2004). E para Jung, Bateman seria a sombra coletiva por excelência — a encarnação de tudo aquilo que a sociedade moderna nega, mas alimenta em silêncio. A sua violência é estética e funcional: serve para reafirmar um controlo narrativo sobre uma realidade que já não interpela emocionalmente.

A crítica social atravessa o filme como uma corrente subterrânea. Ninguém vê, ninguém ouve, ninguém se importa. A confissão final de Bateman não desencadeia qualquer consequência — não por falta de provas, mas porque já não há lugar para escândalo. A loucura deixou de ser desvio e passou a ser rotina. Como se o manicómio estivesse de portas abertas... e todos lá dentro.

A banda sonora é um elemento-chave. Genesis, Whitney Houston, Huey Lewis & The News — músicas pop, leves e domesticadas — são usadas para pontuar cenas de brutalidade extrema. Este contraste é intencional. ""A estetização da violência permite que o horror se torne consumo" (Sontag, 2003). O sangue não choca. A tortura diverte. A coreografia do vazio tornou-se espetáculo.

Psicopata Americano não quer provocar empatia. Quer criar desconforto. E consegue. O maior terror que nos deixa não é a crueldade de Bateman — é a suspeita de que ele não é exceção, mas reflexo. Um espelho sombrio onde, talvez, o rosto do nosso tempo se revele.

Ficha Técnica:
Psicopata Americano
Ano: 2000
Realização: Mary Harron
Atores principais: Christian Bale, Willem Dafoe, Jared Leto
Compositor: John Cale
Duração: 102 min
Género: Thriller, Drama

Referências:

Baudrillard, J. (2007). Simulacros e simulação (3.ª ed.). Lisboa: Relógio D'Água. (Obra original publicada em 1981)
Freud, S. (2006). Além do princípio do prazer. Lisboa: Relógio D'Água. (Obra original publicada em 1920)
Jung, C. G. (2015). O eu e o inconsciente. Lisboa: Edições 70.
Maslow, A. H. (2004). Motivação e personalidade (3.ª ed.). Lisboa: Edições 70. (Obra original publicada em 1954)
Sontag, S. (2003). Diante da dor dos outros. Lisboa: Edições 70.

Apocalypse Now

Apocalypse Now (1979), realizado por Francis Ford Coppola, não é apenas uma obra sobre o Vietname. É uma experiência sensorial, filosófica e psicológica que transforma o espectador em cúmplice de uma travessia onde a guerra deixa de ser um conflito externo e se torna uma descida ao âmago da consciência.

Inspirado em Heart of Darkness de Joseph Conrad, o filme re-imagina o inferno colonial em plena selva asiática. O Capitão Willard (Martin Sheen) recebe uma missão: eliminar o Coronel Kurtz (Marlon Brando), um oficial que terá ultrapassado os limites da razão, fundando um império próprio algures no Camboja. Mas à medida que a viagem pelo rio avança, a missão transforma-se — o assassino aproxima-se do espelho, e a pergunta não é se Kurtz enlouqueceu, mas se a própria guerra é a manifestação dessa loucura coletiva.

O filme funciona como um labirinto simbólico. Cada paragem no percurso fluvial representa uma nova camada de desintegração — do corpo, da moral, da lógica. Coppola não filma combates; filma estados mentais. A guerra é apenas o pano de fundo de uma implosão espiritual. A estrutura narrativa, sem rumo fixo, é deliberadamente circular e fragmentada — espelho de uma mente em crise, talvez até dissociativa. O tempo perde sentido, e a realidade dissolve-se em imagens carregadas de delírio e brutalidade.

Do ponto de vista psicológico, Apocalypse Now é uma aula sobre despersonalização. Willard, mesmo antes da missão, já se encontra num estado de colapso interno. A sua identidade esbate-se — e o que o move não é um sentido de dever, mas uma necessidade primitiva de confronto com a escuridão que também o habita. O coronel Kurtz, por sua vez, já não representa um homem — mas o arquétipo da sombra junguiana, aquele que, ao atravessar todos os limites da moral, alcança uma forma de lucidez que aterroriza (Jung, 1951).

A leitura comportamentalista desaparece — aqui não há reforços, não há aprendizagem adaptativa. Há rutura, caos, impulso. A guerra, como nos diria Freud, ativa o que de mais profundo e primitivo habita no inconsciente: o instinto de morte (Todestrieb), a pulsão destrutiva, a queda da civilização (Freud, 1930). Ao mesmo tempo, numa abordagem narrativo-identitária, Willard vê-se forçado a reconfigurar o seu papel enquanto sujeito — entre o militar obediente e o homem vazio (McAdams, 1997).

Há, porém, uma dimensão adicional a considerar. A jornada de Willard pode ser também interpretada como um movimento existencial de confronto com o sentido da própria existência. A tensão entre o vazio e o sentido possível, entre o absurdo da guerra e a busca por autenticidade, aproxima-se das premissas da psicologia humanista, onde Carl Rogers (1961) enfatiza a importância do contacto genuíno consigo mesmo, mesmo em contextos adversos. Willard não verbaliza esse movimento — mas o seu silêncio crescente pode ser lido como o início de uma tomada de consciência.

A banda sonora, com a sua mistura perturbadora de "The End" dos The Doors, ruídos helicoidais e composições dissonantes, sustenta essa viagem sensorial. Não embala — desestabiliza. Como o próprio som do helicóptero, que mais do que transporte, anuncia o fim de qualquer possibilidade de paz interior. O som é guerra. O som é fragmentação.

No fim, quando Kurtz murmura "The horror... the horror", a frase ecoa para além do filme. Não é um diagnóstico. É um espelho. O horror não está na selva — está em cada um de nós, quando deixamos cair as máscaras e enfrentamos o que há de mais essencial e incontrolável.

Ficha Técnica:
Título Original: Apocalypse Now
Ano: 1979
Realização: Francis Ford Coppola
Atores Principais: Martin Sheen, Marlon Brando, Robert Duvall
Compositor: Carmine Coppola
Duração: 147 min
Género: Guerra, Drama Psicológico

Referências:
Freud, S. (1930). O Mal-Estar na Civilização. Lisboa: Relógio D'Água.
Jung, C. G. (2006). Aion: Estudos sobre o simbolismo do Si-mesmo (5.ª ed.). Lisboa: Edições 70. (Obra original publicada em 1951)
McAdams, D. P. (1997). A psicologia da identidade pessoal. São Paulo: Edições Loyola.
Rogers, C. R. (2004). Tornar-se pessoa: as bases da psicoterapia centrada no cliente (9.ª ed.). Lisboa: Edições 70. (Obra original publicada em 1961)

Assassinos Natos

Entre os filmes mais provocadores da minha coleção, Assassinos Natos, de Oliver Stone, destaca-se não apenas pelo seu conteúdo explosivo, mas pela forma como esse conteúdo é moldado — estilisticamente, simbolicamente, psicologicamente.

O DVD repousa na prateleira com um certo peso — como se carregasse não apenas uma obra cinematográfica, mas um espelho deformado de um país que já não distingue realidade de espetáculo.

A viagem alucinada de Mickey e Mallory Knox (Woody Harrelson e Juliette Lewis) é, à superfície, a de um casal de homicidas em fuga. Mas Stone não está interessado numa leitura literal. O que aqui se filma não é o percurso dos assassinos, mas a paisagem que os torna possíveis — e até desejáveis.

A América dos media sensacionalistas, da violência convertida em espetáculo pop, da perversão das figuras públicas enquanto fetiche coletivo.

A linguagem visual é frenética, deliberadamente fragmentada, como um zapping maníaco de uma televisão em ácido. Este estilo não é gratuito — traduz a psicose cultural em que a narrativa mergulha: um mundo onde tudo é ruído, flash, excesso. Stone usa essa overdose estética como comentário — e é precisamente nessa saturação que o filme encontra a sua identidade crítica.

Mickey e Mallory são filhos bastardos de traumas extremos, sobreviventes de infâncias abusivas e de lares destruídos. Mas o filme não os retrata como vítimas nem como vilões absolutos — são projeções distorcidas de uma sociedade onde a empatia é extinta e substituída por estímulo sensacionalista. Do ponto de vista psicológico, há uma clara expressão de traços da perturbação de personalidade antissocial, sobretudo em Mickey — marcada pela impulsividade, manipulação e ausência de remorso (DSM-5, APA, 2013). No entanto, mais do que um diagnóstico, o filme insinua um mecanismo de dissociação primária, uma defesa psíquica contra o caos interno — como diria Winnicott (1971), um falso-self construído para sobreviver à falência do ambiente afetivo primitivo.

A influência dos media, por sua vez, é o eixo onde gira todo o delírio coletivo. A celebrização dos assassinos, o culto da violência como entretenimento e a fome mediática por narrativa fazem eco direto da teoria da aprendizagem social de Bandura (2001), que sublinha como os comportamentos agressivos são modelados, repetidos e validados num contexto sociocultural. O próprio jornalista Wayne Gale (Robert Downey Jr.), sedento por audiências, ilustra esta perversão ao tornar-se ele próprio cúmplice do espetáculo sangrento — num desfecho que ultrapassa a ironia e roça o grotesco.

Ao nível simbólico, Assassinos Natos dialoga ainda com a ideia de narrativa de vida como construção identitária. Como sugere McAdams (1993), a identidade não é apenas um conjunto de traços, mas uma história contada e validada socialmente. Neste caso, Mickey e Mallory não apenas vivem a sua narrativa — eles performam-na, amplificados por câmaras, ecrãs e espectadores. Tornam-se personagens de uma América que consome violência com a mesma passividade com que consome snacks e reality shows.

A banda sonora, com curadoria de Trent Reznor, é uma extensão direta desta vertigem: eclética, suja, perturbadora. Mais do que ilustrar, comenta. Nick Cave, Leonard Cohen, Bob Dylan — são vozes que escorrem pelas frestas da violência, oferecendo breves lampejos de consciência poética entre os disparos. Reznor não compõe apenas uma paisagem sonora, mas um segundo nível de discurso narrativo — emocional, simbólico e perturbador.

O final não propõe redenção. Apenas continuidade. Como se dissesse: o filme terminou, mas o ciclo persiste — lá fora, nas notícias, nos ecrãs, no olhar cúmplice de quem consome sem ver.

Ficha Técnica:
Título original: Natural Born Killers
Ano: 1994
Realizador: Oliver Stone
Principais atores: Woody Harrelson, Juliette Lewis, Robert Downey Jr., Tommy Lee Jones
Compositor da banda sonora: Trent Reznor (curadoria)
Género: Thriller psicológico, sátira social
Duração: 118 min

Referências:
American Psychiatric Association. (2013). Manual diagnóstico e estatístico de perturbações mentais (DSM-5). Lisboa: Climepsi Editores.
Bandura, A. (2001). Social cognitive theory of mass communication. Media Psychology, 3(3), 265–299. https://doi.org/10.1207/S1532785XMEP0303_03
McAdams, D. P. (1993). As histórias que vivemos: o mito pessoal e a construção do self. Lisboa: Edições 70.
Winnicott, D. W. (2005). A criança e o seu mundo. Lisboa: Climepsi Editores.

Beleza Americana

Entre as capas alinhadas da minha coleção, poucas me confrontam tanto como Beleza Americana (1999), de Sam Mendes. Um filme que, com uma estética cuidada e uma banda sonora hipnótica, nos mergulha no interior de uma casa aparentemente normal — onde o silêncio esconde frustração, repressão e colapsos prestes a emergir.

É uma história que começa no ponto alto do conformismo e, aos poucos, desmonta toda a fachada.

Lester Burnham (Kevin Spacey) é o protagonista e narrador. Um homem invisível no seu próprio quotidiano, anestesiado por rotinas, por uma esposa obcecada pelo controlo e por uma filha ausente. A crise começa quando a fantasia entra pela porta: a amiga da filha, objeto do desejo e catalisador do seu "despertar". Mas o que se inicia como uma provocação do id reprimido rapidamente se revela como um processo de negação existencial. Lester não está a renascer. Está a fugir — e fá-lo com a convicção cega de quem se recusa a olhar para dentro (Jung, 2006).

É aqui que o filme expõe o seu nervo psicológico: as personagens vivem em constante dissociação entre o que mostram e o que são na realidade. Cada uma tem a sua própria prisão simbólica. Carolyn (Annette Bening), a esposa, vive dominada por uma lógica de perfeição instrumental, num funcionamento quase obsessivo-compulsivo. A filha Jane (Thora Birch), num mutismo afetivo, observa o desmoronar dos pais enquanto procura alguém que a veja de verdade.

O vizinho Ricky, filho de um pai opressor e homofóbico, é talvez a personagem mais lúcida — o que vê para além do caos, que filma a beleza no invisível, nos sacos que dançam ao vento. Ele é a antítese do mundo disfarçado: vive numa margem poética, quase mística, onde a contemplação da morte é mais real que a vida simulada à sua volta.

Se lermos o filme à luz da psicologia humanista, percebemos que Beleza Americana é uma encenação da alienação contemporânea. O falso self domina o quotidiano. A autenticidade é perigosa. A vergonha é o cimento das relações. Rogers diria que nenhuma destas personagens é plenamente funcional — vivem moldadas pela expectativa externa, anulando o self verdadeiro (Rogers, 2003). E isso conduz inevitavelmente a ruturas. Também Winnicott (2005) nos lembraria que o ambiente emocional não é suficientemente bom para permitir a expressão do self autêntico — o lar é, aqui, um palco de sobrevivência emocional.

A filosofia estoica também ecoa discretamente: Lester só se liberta verdadeiramente quando abdica da obsessão pelo controlo e aceita a beleza na impermanência (Marco Aurélio, 2008). Mas chega tarde. A sua tentativa de reconexão é interrompida por uma bala — o destino trágico de quem ousa quebrar o pacto do silêncio.

A psicopatologia ronda todo o enredo: o controlo excessivo de Carolyn, o comportamento obsessivo de Ricky pai, os traços de perturbação de identidade, a repressão sexual, os quadros de depressão funcional camuflada. Também podemos observar, à luz da neuropsicologia, a dissociação entre emoção e decisão consciente — Lester age muitas vezes sem coerência entre os seus estados afetivos e a racionalidade executiva, tal como descrito por Damasio (1994).

Do ponto de vista comportamental, as personagens agem segundo os reforços e punições sociais que internalizaram: a busca de sucesso, o medo da vergonha, o desejo de controlo. Carolyn, em particular, opera num registo funcionalista, onde cada gesto é condicionado pela expectativa de aprovação — num reflexo das ideias de Skinner (2003) sobre comportamento moldado pelo meio.

A realização de Sam Mendes amplifica o desconforto: planos simétricos, cores saturadas, simbolismo visual constante (as pétalas vermelhas como desejo e destruição).

A banda sonora de Thomas Newman — minimalista, pulsante, emocional — sustenta o filme com uma presença quase hipnótica. A música não impõe emoção. Expõe as camadas por baixo da superfície.

No final, quando Lester encontra uma paz quase espiritual, percebemos o que o filme sempre tentou dizer: a beleza existe, mas exige coragem para ser vista — e essa coragem raramente está ao alcance de quem vive para manter as aparências.

Ficha Técnica:
Título original: American Beauty
Ano: 1999
Realização: Sam Mendes
Principais atores: Kevin Spacey, Annette Bening, Thora Birch, Wes Bentley
Compositor: Thomas Newman
Duração: 122 min
Género: Drama psicológico / Satírico / Contemporâneo

Referências:

Rogers, C. (2003). Tornar-se Pessoa. Lisboa: Edições 70.
Damasio, A. R. (1994). O Erro de Descartes: emoção, razão e o cérebro humano. Lisboa: Gradiva.
Jung, C. G. (2007). O Homem e os Seus Símbolos. Lisboa: Edições 70.
Skinner, B. F. (2003). Ciência e Comportamento Humano. Lisboa: Edições 70.
Marco Aurélio (2008). Meditações. Lisboa: Relógio D'Água.
Winnicott, D. W. (2005). O Brincar e a Realidade. Lisboa: Relógio D'Água.

Blue Velvet

Veludo Azul é um filme que exige mais do que atenção: exige uma descida aos bunkers do desejo. Ao revê-lo, compreendo porque o mantive guardado, como um enigma que só se revela com o tempo. A obra de David Lynch não conta uma história — destapa um mundo. Um mundo onde o belo e o grotesco se tocam, onde a cortina de veludo esconde não só segredos, mas as próprias entranhas da psique.

O enredo começa de forma quase banal: uma orelha humana encontrada num campo desperta a curiosidade de

Jeffrey, um jovem que regressa à sua cidade natal. Mas rapidamente percebemos que não estamos perante um policial. Estamos perante uma fábula perversa sobre a repressão, o desejo e a fragmentação da identidade.

Como referia Freud (2008), o inconsciente não está escondido — ele infiltra-se nas frestas do quotidiano. E Lynch filma precisamente essas frestas: os espaços entre o normal e o anómalo, entre o dito e o silenciado.

Jeffrey é a personificação da dualidade freudiana entre Eros e Thanatos — o impulso de vida e o impulso de morte — oscilando entre Sandy, a namorada doce e solar, e Dorothy Vallens, a mulher-fantasma que habita o desejo e a submissão. Esta oscilação não é apenas moral, é simbólica. É a luta interna entre persona e sombra (Jung, 1991), entre o que aceitamos ser e aquilo que tentamos reprimir.

A personagem de Dorothy — magnificamente interpretada por Isabella Rossellini — é central nesse mergulho. Ela não é vítima nem vilã, mas expressão de um sofrimento sexualizado, que mistura trauma, culpa e prazer num ciclo de submissão emocional que desafia qualquer leitura moral simplista.

Ao longo do filme, o real e o imaginado tornam-se indistintos, como num pesadelo com lógica própria. É aqui que a leitura de Pio Abreu (2014) se revela útil: para ele, os estados mentais extremos não se definem apenas pela rutura com a realidade externa, mas pela reorganização interna do significado. A personagem de Frank Booth (Dennis Hopper) encarna essa distorção violenta: um predador infantilizado, viciado em poder, em dor e em linguagem cifrada. A sua presença não é apenas ameaçadora — é psicótica. Frank vive no delírio onde amor e violência, prazer e destruição, são indissociáveis. Ele não "finge" ser doente — ele representa um estado liminar do eu que já não distingue desejo de dor.

A tensão entre narrativa e colapso é outro dos elementos centrais do filme. Como salientam Grinberg & Grinberg (1998), a identidade é construída por processos de adaptação e mudança, e quando essa construção é violentamente interrompida — por trauma, abuso ou repressão — surge a fragmentação. Lynch não explica os traumas, não oferece redenção. Apenas expõe os efeitos de um universo emocional subterrâneo, onde o inconsciente grita por via de imagens e gestos enigmáticos.

Neste labirinto psicológico, a música surge para nos desorientar. A banda sonora de Angelo Badalamenti atua como extensão da mente das personagens: por vezes romântica e envolvente, por vezes ameaçadora e dissonante. As canções escolhidas — como "Blue Velvet" ou "In Dreams" — ganham um carácter fúnebre, distorcido, como se fossem recordações doces transformadas em ruínas. A música não acompanha a imagem, corrói-a. E nesse processo, torna-se parte do pesadelo coletivo que o filme constrói.

Miguel M. Gonçalves (2008), ao falar da reautoria narrativa em contextos de crise, alerta para a importância de reorganizar o sentido de si. Mas em Veludo Azul, essa reorganização não acontece. O que vemos é uma descida ao caos, à pulsão, à ambiguidade — e a emergência de um novo "eu" que já não procura sentido, apenas sobrevive à sua própria inquietação.

O plano final, com o pássaro artificial a cantar na janela, é ao mesmo tempo redentor e grotesco. Um símbolo de paz fabricada, de uma normalidade colada a cuspe. A escuridão não foi derrotada — apenas empurrada de volta para debaixo da relva. O mal, como dizia Freud, não desaparece; apenas muda de lugar.

Ficha Técnica:
Título original: Blue Velvet
Ano: 1986
Realizador: David Lynch
Principais atores: Kyle MacLachlan, Isabella Rossellini, Dennis Hopper
Compositor da banda sonora: Angelo Badalamenti
Género: Thriller psicológico
Duração: 120 min

Referências:
Abreu, J. L. P. (2014). Como Tornar-se Doente Mental. Lisboa: Dom Quixote.
Freud, S. (2008). O Mal-Estar na Civilização. Lisboa: Relógio D'Água.
Gonçalves, M. M. (2008). Terapia Narrativa da Re-autoria: O encontro de Bateson, Bruner e Foucault. Braga: Psiquilibrios.
Grinberg, L. & Grinberg, R. (1998). Identidade e Mudança. Lisboa: Climepsi Editores.
Jung, C. G. (1991). A Natureza da Psique. Lisboa: Edições 70.

Dogville

Dogville é daqueles filmes que nunca permitem uma visualização serena. Lars von Trier constrói aqui uma parábola cruel sobre a natureza humana, reduzindo o cenário visual ao essencial: um palco nu, linhas no chão a delimitar casas invisíveis, e uma comunidade aparentemente pacata que se torna laboratório de violência e hipocrisia. O que parece um exercício estético transforma-se numa das mais implacáveis radiografias da condição humana.

A protagonista Grace (Nicole Kidman) chega a Dogville em busca de refúgio. A comunidade aceita-a, mas pouco a pouco essa hospitalidade converte-se em exploração, abuso e humilhação. O palco torna-se espelho de uma sociedade que, diante da oportunidade, revela o pior de si. O filme é, no fundo, um psicodrama coletivo. Como lembra J. L. Moreno em Psicodrama (1975), o palco é o lugar privilegiado onde se tornam visíveis os conflitos internos, projetados em papéis e encenações. Em Dogville, cada habitante desempenha um papel que denuncia desejos recalcados e agressividades latentes.

J. B. Pontalis, em Janelas (2016), sublinha como o espaço psíquico é atravessado por passagens e limiares. Dogville encena exatamente isso: um lugar que parece aberto, sem paredes, mas que é claustrofóbico, uma comunidade que se mostra transparente mas que esconde pulsões violentas. O espectador assiste como se estivesse a espreitar por uma janela para um inconsciente coletivo, exposto sem adornos.

As dinâmicas de poder entre Grace e os habitantes são iluminadas pela leitura das Relações de Objecto de Greenberg e Mitchell (1994). O que está em causa não é apenas a exploração física, mas a relação simbiótica e destrutiva que se estabelece: Grace, dependente da comunidade para sobreviver, torna-se objeto de uso, um depositário da agressividade e da carência dos outros. As relações de objeto aqui são relações de domínio — onde a empatia é substituída pela apropriação e o vínculo é corroído pela violência.

A narrativa é atravessada pela questão da culpa. León Grinberg (2007), em Culpa e Depressão, explica como a culpa pode ser negada, projetada ou transformada em justificação. Em Dogville, a comunidade legitima a sua violência como "necessidade", anulando a responsabilidade moral e diluindo-a no coletivo. O resultado é uma espécie de depressão ética: um grupo que continua a viver, mas já sem verdadeiros laços, sustentado apenas pelo exercício de poder sobre a vítima.

A voz-off de John Hurt reforça este tom de parábola, como se o espectador estivesse a assistir a uma peça didática que expõe os mecanismos da violência humana. A ausência de cenários realistas obriga a que toda a atenção se concentre nas dinâmicas emocionais e no texto.

A banda sonora de Joachim Holbek, discreta e minimalista, cumpre a função de acentuar o desconforto. Não há catarse musical, apenas pequenas inflexões sonoras que ampliam a tensão. O silêncio e o som ambiente tornam-se parte do jogo cénico, lembrando que a violência aqui não precisa de explosões para ser devastadora.

No final, quando Grace opta pela destruição de Dogville, a parábola fecha-se: a vítima torna-se agente, e a comunidade recebe a violência que semeou. O filme obriga-nos a confrontar-nos com a pergunta mais perturbadora: o que faríamos nós, se estivéssemos no lugar daqueles habitantes? Dogville não nos deixa escapar — coloca-nos no palco do inconsciente coletivo, expondo culpas, justificações e fragilidades humanas.

Ficha Técnica:
Título original: Dogville
Ano: 2003
Realizador: Lars von Trier
Principais atores: Nicole Kidman, Paul Bettany, Lauren Bacall, Stellan Skarsgård
Compositor da banda sonora: Joachim Holbek
Género: Drama psicológico, parábola social
Duração: 178 min

Referências:
Moreno, J. L. (1975). Psicodrama. Lisboa: Moraes Editores.
Pontalis, J. B. (2016). Janelas. Lisboa: Climepsi Editores.
Greenberg, J. R., & Mitchell, S. A. (1994). Relações de Objecto na Teoria Psicanalítica. Lisboa: Climepsi Editores.
Grinberg, L. (2007). Culpa e Depressão. Lisboa: Climepsi Editores.

O Silêncio Dos Inocentes

O Silêncio dos Inocentes (1991), de Jonathan Demme, é muito mais do que um thriller eficaz. É um retrato clínico da vulnerabilidade, da monstruosidade e do poder do inconsciente. Vive na minha prateleira desde cedo, não por ser fácil de rever — mas por continuar a devolver perguntas. E a fazer silêncio.

Clarice Starling (Jodie Foster) é uma personagem que não se constrói por força — mas por rutura. Estagiária do FBI, determinada, mas ainda marcada por traumas infantis, é lançada numa missão que é, na verdade, uma descida simbólica. Freud descrevia este percurso como uma travessia entre os restos do passado e o desejo de elaboração psíquica (Freud, 2006). Clarice desce ao subsolo, literal e simbolicamente, para confrontar Hannibal Lecter — um psiquiatra brilhante e assassino em série — mas sobretudo para confrontar aquilo que ainda não curou em si.

Lecter (Anthony Hopkins), com a sua frieza elegante e olhar penetrante, é a sombra de Clarice (Jung, 2007). Não apenas a parte monstruosa, mas a parte que vê o que ela ainda não consegue ver. Ele não a persegue — revela-a. As suas conversas não são meras manipulações: são sessões clínicas invertidas, onde o terapeuta é o monstro, e o insight é um jogo de tensão e sobrevivência. O inconsciente, como lembrava Jung, "sabe sempre mais do que nós".

Buffalo Bill, o outro assassino, representa um ponto ainda mais perturbador. A sua identidade fragmentada, construída sobre abandono, abuso e dissociação, expressa a extremidade de uma psicose com traços de despersonalização. Mas o filme evita a caricatura — apenas sugere um passado onde ninguém olhou. O monstro é, antes de tudo, o resultado de uma história negada. A construção da anormalidade, como refere Foucault (2008), é sempre também um acto de poder e de contexto cultural.

Do ponto de vista psicológico, O Silêncio dos Inocentes é um estudo sobre trauma, dissociação, narcisismo perverso e transferência emocional. Lecter não é apenas o vilão — é o catalisador da mudança. Clarice não o destrói — integra-o. A sua vitória está menos na captura de Bill e mais no confronto com os seus próprios "cordeiros", símbolo do trauma infantil que ainda a habita. Como sublinha Winnicott (2005), o início de qualquer cura dá-se quando é possível brincar com o que antes era insuportável.

A banda sonora de Howard Shore acompanha esta travessia com um peso submerso. As cordas graves não pontuam emoção — antecipam-na. Tudo permanece contido, suspenso, como Clarice.

No fim, O Silêncio dos Inocentes é sobre o que se cala. Sobre o que se carrega. E sobre a coragem — talvez a única verdadeira — de continuar a escutar.

Ficha Técnica:
O Silêncio dos Inocentes
Ano: 1991
Realização: Jonathan Demme
Atores principais: Jodie Foster, Anthony Hopkins, Scott Glenn
Compositor: Howard Shore
Duração: 118 min
Género: Thriller psicológico

Referências:

Freud, S. (2006). Luto e melancolia. In S. Freud, Obras completas (Vol. XII). Lisboa: Relógio D'Água. (Obra original publicada em 1917)
Jung, C. G. (2007). O homem e os seus símbolos (10.ª ed.). Lisboa: Edições 70. (Obra original publicada em 1959)
Foucault, M. (2008). Vigiar e punir: Nascimento da prisão (9.ª ed.). Lisboa: Edições 70. (Obra original publicada em 1975)
Winnicott, D. W. (2005). O brincar e a realidade (4.ª ed.). Lisboa: Climepsi Editores. (Obra original publicada em 1971)

Papillon

Entre os títulos mais marcantes da minha coleção física está Papillon, com Steve McQueen e Dustin Hoffman. O estojo do DVD já mostra algum desgaste — como se refletisse o próprio espírito da obra: resistente, envelhecido com dignidade, e carregado de cicatrizes.

Este não é apenas um filme de prisão; é uma meditação sobre liberdade interior, sobre o que pode ou não ser capturado. Baseado nas memórias de Henri Charrière, Papillon acompanha a sua condenação injusta à prisão perpétua na Guiana Francesa e a sucessiva tentativa de fuga. Mas o que começa como uma narrativa de sobrevivência transforma-se, progressivamente, numa epopeia existencial.

A prisão física torna-se cenário para o confronto entre corpo e espírito — entre a degradação imposta e a dignidade preservada.

Steve McQueen encarna Henri com contenção e força silenciosa. Ao longo dos anos de confinamento, tortura, isolamento e traição, a identidade de Papillon não se dissolve — pelo contrário, parece ganhar contornos cada vez mais definidos. Esta persistência do self diante da violência institucionalizada evoca a visão de Viktor Frankl (1946), que escreveu sobre o poder da liberdade interior como último refúgio do ser humano em contextos de desumanização absoluta.

Dustin Hoffman, como Louis Dega, oferece o contraponto mais cerebral e frágil: é a figura que, embora fisicamente mais protegida, sofre um lento esvaziamento interno. A amizade entre os dois é o eixo ético da narrativa. É também onde se inscreve a dimensão simbólica da relação: Papillon representa o instinto vital e inquebrantável; Dega, a adaptação racional que lentamente cede à corrosão.

A progressiva degradação física de Papillon — visível no corpo, nos olhos, nos gestos — não compromete o seu núcleo interno.

Nem mesmo os anos em cela de isolamento, onde quase enlouquece, o quebram totalmente. Ao nível psicológico, essa fase remete para estados limite de privação sensorial e despersonalização, frequentemente descritos em estudos de reclusão prolongada (Grassian, 1983). A alucinação, o tempo dilatado, a quebra da linearidade do pensamento — tudo aponta para uma suspensão da identidade narrativa, como descrito por McAdams (1993), em que o sujeito deixa de ter uma linha interior de continuidade.

Contudo, é precisamente nesse limite que se torna visível uma dimensão profunda da experiência humana: a tendência de manter uma coerência interna e lutar por dignidade subjetiva mesmo em ambientes profundamente desumanizantes. Carl Rogers (1961) descreveu esta força como tendência atualizante — uma orientação inata para a realização do potencial pessoal, que persiste mesmo sob opressão. Em Papillon, essa tendência não se manifesta em palavras, mas em atos silenciosos de resistência: na recusa em denunciar, na recusa em ceder, e finalmente no impulso de fuga como afirmação do self.

A força do filme reside na recusa de ceder à espetacularização. Tudo é filmado com sobriedade — mesmo os momentos de violência. Não há heroísmo gratuito. Há resistência. Uma resistência que não se grita — endurece, cala, transforma-se em persistência.

A banda sonora de Jerry Goldsmith acompanha esta jornada com subtileza e melancolia. O tema principal, discreto mas emocionalmente eficaz, reforça a solidão dos espaços e a dignidade silenciosa das personagens. A música não amplifica a ação — dá-lhe ressonância emocional.

No final, a fuga em cima de um improvisado flutuador, lançado ao mar, é mais do que uma tentativa física de escapar — é um gesto espiritual. Um salto no vazio, uma recusa final de aceitar que o corpo dita os limites da alma. "Sou ainda eu, mesmo que me quebrem tudo à volta", parece dizer.

Ficha Técnica:
Título original: Papillon
Ano: 1973
Realizador: Franklin J. Schaffner
Principais atores: Steve McQueen, Dustin Hoffman
Compositor da banda sonora: Jerry Goldsmith
Género: Drama prisional, aventura existencial
Duração: 151 min

Referências:
Frankl, V. E. (2006). O homem em busca de um sentido (37.ª ed.). Lisboa: Presença. (Obra original publicada em 1946)
Rogers, C. R. (1961). Tornar-se pessoa. Lisboa: Moraes Editores.
McAdams, D. P. (2001). As histórias que vivemos: o mito pessoal e a construção do self. Lisboa: Relógio D'Água. (Obra original publicada em 1993)
Grassian, S. (1983). Psychopathological effects of solitary confinement. American Journal of Psychiatry, 140(11), 1450–1454.
Schaffner, F. J. (Realizador). (1973). Papillon [Filme]. Allied Artists.
Goldsmith, J. (1973). Papillon: Original Soundtrack Recording.

Pulp Fiction

Há filmes que não envelhecem — não porque evitam o tempo, mas porque o atravessam com estilo próprio, ritmo próprio, e uma ironia que os torna eternos. Pulp Fiction (1994), de Quentin Tarantino, é um desses casos raros. Um clássico contemporâneo, sujo e brilhante, feito de fragmentos que disparam em várias direções, mas que no fim formam uma coerência narrativa inesperada. Faz parte da minha coleção desde cedo — um daqueles títulos que desafia rótulos e ainda assim se impõe com brutal clareza.

A estrutura não-linear não é apenas um exercício formal. É o reflexo da pulsação psíquica das personagens, marcadas por impulsos, repetições e clivagens. Vincent Vega (John Travolta), Jules Winnfield (Samuel L. Jackson), Butch (Bruce Willis), Mia Wallace (Uma Thurman)... não são arquétipos fixos. São variações comportamentais em torno de um mesmo vazio: a ausência de eixo ético num mundo saturado de referências, mas desprovido de sentido.

Jules é talvez a figura mais inquietante. Executor carismático, o seu percurso é o mais próximo de uma jornada de insight — começa como agente do caos, termina como alguém que tenta reconfigurar o seu papel. A sua epifania, ainda que instável, aproxima-se de um momento de viragem existencial no sentido frankliano: quando o absurdo já não basta e o sentido se torna uma urgência (Frankl, 1946/2006). É a passagem do automatismo para a escolha

— ainda que embrulhada em discurso messiânico e tiroteios.

Mia Wallace representa outro eixo: o da evitação. Entregue ao tédio e ao risco, ressoa com traços depressivos encobertos por uma estética do descompromisso. A sua overdose é quase uma coreografia do excesso — o momento em que o niilismo performativo colapsa na biologia. Butch, pelo contrário, move-se por impulsos herdados: um trauma intergeracional que se manifesta em decisões abruptas, reações viscerais e fidelidades simbólicas. A dimensão edipiana e o recalque da perda paterna estruturam as suas escolhas de forma primitiva, mas coerente.

Do ponto de vista psicopatológico, Pulp Fiction é um mosaico de dissociação, compulsão, acting out e supressão emocional. A violência estilizada funciona como descarga catártica — não dos personagens, mas do próprio sistema moral em colapso. Segundo Freud, "a repetição é a via do inconsciente para tentar elaborar o trauma" (1920/2006). E aqui, repete-se tudo: gestos, frases, padrões. Só Jules parece começar a quebrar o ciclo.

A banda sonora é mais do que decorativa — é narrativa. Mistura surf music, soul e rock'n'roll com um sentido de timing que constrói ironia, mas também contraste emocional. Tal como sugeria Damasio (1994/2010), o corpo sente antes de compreender. E a música, aqui, faz esse papel: antecipa, ironiza, desorienta.

Pulp Fiction não é só estilo — é um olhar. Por trás do ritmo frenético, da estrutura fragmentada e do humor negro, há uma observação crua sobre a mecânica da escolha, da repetição e da possibilidade de mudança. Nada é completamente sério, mas tudo tem consequências. E talvez seja isso que o torna tão duradouro: a consciência de que, mesmo num universo caótico, cada gesto define um destino — por mais cool que pareça.

Ficha Técnica:
Pulp Fiction
Ano: 1994
Realização: Quentin Tarantino
Atores principais: John Travolta, Samuel L. Jackson, Uma Thurman, Bruce Willis
Compositor: Vários (curadoria musical de Tarantino)
Duração: 154 min
Género: Crime, Thriller, Drama

Referências:

Damasio, A. R. (2010). O erro de Descartes: emoção, razão e o cérebro humano (6.ª ed.). Lisboa: Europa-América. (Obra original publicada em 1994)
Frankl, V. E. (2006). O homem em busca de um sentido (14.ª ed.). Lisboa: Presença. (Obra original publicada em 1946)
Freud, S. (2006). Além do princípio do prazer. In S. Freud, Obras Completas – Volume XVIII (pp. 5–64). Lisboa: Relógio D'Água. (Obra original publicada em 1920).

Scarface

Brian De Palma filmou, com mão firme e sem moralismos, a ascensão e a queda de Tony Montana — e nesse movimento criou mais do que um clássico de gangsters: criou um manual de autodestruição psicológica e cultural, embalado numa estética de poder e sangue.

Tony Montana não quer apenas dinheiro. Quer ser alguém. O seu desejo não nasce da ambição, mas da humilhação crónica de não pertencer. Como Fanon (1952/2006) descreveu, o sujeito colonizado internaliza o olhar do opressor e tenta, através da força, usurpar-lhe o trono — mas sem nunca alcançar reconhecimento real. Tony veste o fato do opressor, mas continua a ser visto como um corpo estranho. O mundo que conquista rejeita-o, mesmo enquanto o aplaude.

Na construção deste "eu heróico", Tony não admite falhas. Vive num permanente estado de alerta paranoide, onde qualquer falha é um ataque, qualquer dissenso uma traição. Otto Kernberg (1992) descreve este tipo de organização de personalidade como marcada por traços narcísicos graves, combinados com impulsividade, fraca tolerância à frustração e identidade instável. A grandiosidade de Tony é apenas a capa de um eu disfuncional, isolado e reativo.

A sua relação com o poder é simbiótica: ele não quer ter poder — quer ser o poder. Foucault (1975/2000) lembrava que o poder não é algo que se possui, mas algo que se exerce — e nesse exercício, o sujeito também se transforma. Tony transforma-se na própria encarnação do domínio, até que já não sabe existir sem ele. A perda de controlo não é apenas financeira — é ontológica. Sem poder, Tony não sabe quem é.

A compulsividade que o move não é só social — é interna. A cocaína que consome não o euforiza, anestesia-o. José Gameiro (2005) fala deste tipo de acting out impulsivo como tentativa de calar uma dor emocional difusa, muitas vezes de origem pré-verbal. Tony nunca aprendeu a conter, a elaborar, a simbolizar. O que sente transforma-se diretamente em gesto — sempre violento.

E quando não está a reagir, Tony está a representar. A personagem que criou para si é rígida, imune ao afeto, cheia de frases feitas, como se fosse um papel ensaiado. Pio Abreu (2008) descreve este processo como o da formação de um eu patológico: uma identidade que se cristaliza em torno de crenças disfuncionais, alimentadas pela cultura e reforçadas pelo próprio sujeito até se tornarem inquestionáveis. Tony torna-se, aos poucos, refém do seu próprio delírio identitário.

A banda sonora de Giorgio Moroder não é apenas decorativa — é a pulsação interna da personagem. O sintetizador artificial, quase maquinal, acompanha o crescimento vertiginoso de Tony como se fosse o batimento cardíaco de um império de vidro. Cada faixa embala um delírio. E quando tudo colapsa, a música não se cala — explode, como se o próprio mundo interior de Tony ruísse com ele. A estética sonora torna-se o último território onde Tony ainda acredita que pode vencer.

No fim, o império desaba. Mas não é o dinheiro que desaparece — é o sentido. Tony morre sozinho, de costas, como se nem a morte quisesse olhá-lo nos olhos. O filme fecha sem redenção. Sem catarse. Apenas um eco: "The World Is Yours". Mas nunca foi.

Ficha Técnica:
Título original: Scarface
Ano: 1983
Realizador: Brian De Palma
Principais atores: Al Pacino, Michelle Pfeiffer, Steven Bauer
Compositor da banda sonora: Giorgio Moroder
Género: Drama psicológico, crime, ascensão e queda
Duração: 170 min

Referências:
Fanon, F. (2006). Pele negra, máscaras brancas (trad. portuguesa). Lisboa: Edições 70. (Obra original publicada em 1952)
Foucault, M. (2000). Vigiar e punir (trad. portuguesa). Lisboa: Relógio D'Água. (Obra original publicada em 1975)
Gameiro, J. (2005). Psicoterapias breves: da relação ao processo. Lisboa: Climepsi.
Kernberg, O. (1992). Perturbações graves da personalidade. Lisboa: Climepsi.
Pio Abreu, J. L. (2008). Como tornar-se doente mental. Lisboa: Climepsi.

7 Pecados Mortais

Entre os títulos mais densos da minha prateleira, poucos provocam tanto desconforto emocional como Seven – 7 Pecados Mortais (1995), de David Fincher. Um thriller que ultrapassa o género policial para mergulhar numa meditação sombria sobre decadência moral, dissociação afetiva e desespero existencial. Vê-lo é atravessar uma cidade em ruínas — externas e internas — onde a ética não desapareceu: apodreceu.

Dois detetives, Somerset (Morgan Freeman) e Mills (Brad Pitt), perseguem um assassino cujos crimes se baseiam nos sete pecados capitais. Mas a lógica é mais simbólica do que processual. Cada cena do crime é um ensaio visual sobre desespero social, com uma mise-en-scène contaminada pela podridão invisível da cidade — nunca nomeada, mas universalmente decadente. A chuva constante, o ruído opressivo, os espaços fechados e labirínticos criam um mundo onde o mal não é exceção: é sistema.

Fincher filma o mal como presença banal, quase estrutural, evocando o conceito de banalidade do mal de Hannah Arendt (1963), onde o horror é cometido não por monstros, mas por sujeitos integrados num contexto que já perdeu qualquer coordenada moral. O assassino (Kevin Spacey), meticuloso e silencioso, não mata por impulso — mata com "justificação". A sua racionalização, sem afetos, ecoa a psicopatia funcional descrita por Cleckley (1941) e mais tarde por Hare (1993): ausência de remorso, frieza emocional, e um discurso lógico que substitui a empatia.

Mas o mais inquietante não é o assassino — são os detetives. Somerset, à beira da reforma, é um homem exausto, resignado ao fracasso da civilização. Mills, por outro lado, representa a impulsividade esperançosa, o idealismo que resiste, mesmo sem saber como. Este confronto remete diretamente para a tensão entre o self ideal e o self real descrita por Carl Rogers (1961): Mills tenta atuar com convicção ética, mas acaba por colapsar quando a realidade moral se revela intolerável. O seu gesto final — explosivo, irreversível — é o resultado dessa dissonância interna que já não encontra síntese.

A construção narrativa, não linear mas progressiva, funciona como um espelho do colapso psicológico. A cada pecado revelado, não é só o assassino que se revela — é a cidade inteira que se vai despindo de ilusões. Freud (1926) escreveria sobre o superego tirânico que impõe culpa mesmo sem infração clara. Aqui, o superego parece estar externalizado: o assassino age como instância punitiva simbólica, personificando a culpa reprimida de uma sociedade anestesiada pela apatia. A punição não visa o indivíduo — visa a espécie.

Do ponto de vista psicopatológico, Mills mostra sinais clássicos de descompensação emocional: reatividade afetiva, raiva desproporcionada, intolerância à frustração.

O seu perfil aproxima-se de uma estrutura borderline (Kernberg, 1975), onde o medo do vazio e da perda leva à impulsividade destrutiva. Somerset, por oposição, parece viver num estado de distanciamento defensivo, talvez como forma de evitar o burnout emocional — um "desligar afetivo" como forma de sobrevivência psíquica.

A banda sonora de Howard Shore não suaviza: amplifica a tensão como um murmúrio subterrâneo. As composições arrastadas, quase impercetíveis, funcionam como o eco sonoro de uma mente em erosão. E o uso de Closer (Nine Inch Nails) na abertura — com letra explicitamente niilista — antecipa o que está por vir: não um final, mas um esvaziamento.

No último plano, a frase de Somerset — "O mundo é um lugar belo e vale a pena lutar por ele. Concordo com a segunda parte." — é um sopro ético ferido. Uma última tentativa de ancorar o humano numa paisagem moral já devastada. E é talvez aí que o filme se inscreve como clássico: na recusa da catarse, na coragem de encarar o abismo sem metáforas. Porque Seven não é sobre o mal — é sobre o que acontece quando o bem se cansa de resistir.

Ficha Técnica:
Título Original: Se7en
Ano: 1995
Realizador: David Fincher
Principais Atores: Brad Pitt, Morgan Freeman, Kevin Spacey
Compositor: Howard Shore
Duração: 127 min
Género: Thriller psicológico, policial

Referências:

Arendt, H. (2006). Eichmann em Jerusalém: Um relatório sobre a banalidade do mal (2.ª ed.). Lisboa: Relógio D'Água. (Obra original publicada em 1963)

Cleckley, H. (1988). The mask of sanity (5.ª ed.). Augusta: Emily S. Cleckley.

Hare, R. D. (2008). Sem consciência: O mundo perturbador dos psicopatas que vivem entre nós (2.ª ed.). Lisboa: Self Editora. (Obra original publicada em 1993)

Rogers, C. R. (2004). Tornar-se pessoa (9.ª ed.). Lisboa: Edições 70. (Obra original publicada em 1961)

Freud, S. (2006). O inquietante. In S. Freud, Obras completas. Lisboa: Relógio D'Água. (Obra original publicada em 1919)

Kernberg, O. (1995). Transtornos fronteiriços e narcisismo patológico (2.ª ed.). Porto Alegre: Artmed. (Obra original publicada em 1975).

Sleepers

Sleepers é um daqueles filmes que raramente volto a ver sem antes me preparar bem. Barry Levinson realiza aqui um dos retratos mais crus do impacto do abuso infantil e da institucionalização violenta. Mais do que um drama judicial, este é um filme sobre a marca invisível que o trauma deixa na psique — uma marca que acompanha os protagonistas desde a infância até à idade adulta.

A história segue quatro rapazes de Hell's Kitchen, Nova Iorque, condenados a cumprir pena num centro de detenção juvenil depois de uma brincadeira fatal. O que acontece dentro dessas paredes não é apenas punição: é violência sistemática, humilhação, abuso físico e sexual. O DSM-5-TR (APA, 2023) descreve a Perturbação de Stress Pós-Traumático (TEPT) como uma condição marcada por revivescência, hipervigilância e esquiva. Todas estas manifestações tornam-se palpáveis no destino dos protagonistas, cada um com diferentes consequências ao trauma partilhado.

Hervé Bénony (2005), em O Desenvolvimento da Criança e as suas Psicopatologias, sublinha que a institucionalização precoce, sobretudo em ambientes hostis, mina as bases da confiança e da vinculação. Em Sleepers, a infância deixa de ser espaço de descoberta e torna-se terreno de sobrevivência. Essa falha de suporte emocional é substituída por uma relação com a violência que molda a identidade adulta.

Daniel Marcelli (2001), em Os Estados Depressivos na Adolescência, descreve como a depressão juvenil pode assumir a forma de comportamentos opositores, agressivos ou autodestrutivos. Esta leitura ecoa na trajetória dos protagonistas: alguns procuram refúgio em comportamentos criminais, outros mergulham em estados de apatia ou raiva crónica. O filme mostra como a depressão adolescente raramente surge como tristeza "pura", mas como revolta canalizada contra o mundo.

Niels Peter Rygaard (2008), em A Criança Abandonada, explica como a negligência e o abuso precoce deixam cicatrizes no desenvolvimento da empatia e na capacidade de confiar. Os "sleepers" são, de certa forma, crianças abandonadas pelo sistema, marcadas por vínculos quebrados e pela impossibilidade de elaborar a dor. É no pacto de silêncio e vingança, já na idade adulta, que encontramos a tentativa de reinscrever a narrativa pessoal — não pela cura, mas pela justiça feita com as próprias mãos.

A banda sonora de John Williams contrasta com a dureza das imagens. As melodias trágicas, quase sacras, elevam o filme para além do realismo cru. Funcionam como lamento e, ao mesmo tempo, como tentativa de dignificar a dor das personagens. Williams cria uma música que não apenas acompanha a narrativa, envolve-a numa dimensão de memória coletiva, como se aquele trauma não fosse só de quatro rapazes, mas de uma geração inteira exposta à violência institucional.

Sleepers é um filme pesado, que incomoda porque não oferece catarse. É um retrato da infância roubada e da adolescência transformada em revolta. No fundo, questiona-nos: até que ponto é possível crescer quando o alicerce da confiança foi destruído?

Ficha Técnica:
Título original: Sleepers
Ano: 1996
Realizador: Barry Levinson
Principais atores: Kevin Bacon, Brad Pitt, Robert De Niro, Dustin Hoffman, Jason Patric
Compositor da banda sonora: John Williams
Género: Drama psicológico, judicial
Duração: 147 min

Referências:
APA – American Psychiatric Association. (2023). DSM-5-TR: Manual de Diagnóstico e Estatístico das Perturbações Mentais (5.ª ed. rev.). Lisboa: Climepsi Editores.
Bénony, H. (2005). O Desenvolvimento da Criança e as suas Psicopatologias. Lisboa: Climepsi Editores.
Marcelli, D. (2001). Os Estados Depressivos na Adolescência. Lisboa: Climepsi Editores.
Rygaard, N. P. (2008). A Criança Abandonada. Lisboa: Climepsi Editores.

Entre Inimigos

Entre os títulos mais intensos da minha coleção, The Departed (2006), de Martin Scorsese, destaca-se não tanto pelo ritmo ou pela intriga policial, mas pelo modo como explora a identidade como um campo de batalha psíquica. É um filme onde o disfarce não serve para enganar os outros — serve para não colapsar por dentro.

Billy Costigan (Leonardo DiCaprio) e Colin Sullivan (Matt Damon) são espelhos partidos: vivem mascarados, infiltrados em mundos que exigem negação contínua da sua verdade. A tensão narrativa é alimentada por essa duplicidade constante, mas é nos sintomas que ela deixa que o filme se revela. Costigan exibe sinais claros de desorganização do Eu: ansiedade difusa, crises de pânico, irritabilidade, instabilidade relacional. São manifestações compatíveis com um quadro borderline, como descrito por Otto Kernberg — onde a identidade se fragiliza ao ponto de deixar de fornecer coerência à experiência vivida (Kernberg, 2005).

Mas esta crise não é gratuita. É, como defende Nancy McWilliams, uma estratégia adaptativa extrema: a dissociação como forma de sobrevivência emocional em contextos insustentáveis (McWilliams, 2011). Em The Departed, a dissociação não é patologia pura — é resposta. Como dizia Freud, "o Eu não é senhor em sua própria casa" (Freud, 1917/2006): a consciência organiza-se apenas na medida em que o pode suportar.

A cidade — Boston — é mais do que cenário: é uma paisagem paranoica, onde todos vigiam todos, onde a verdade é sempre adiada, sempre suspeita. A realização de Scorsese não procura a catarse — constrói um labirinto. A moralidade afunda-se em zonas cinzentas, a masculinidade exaure-se em códigos de lealdade cada vez mais irrelevantes. Como observa Foucault, o poder moderno não se exerce apenas através da força, mas do controlo interno — "o olhar vigia, e é através dele que o sujeito se disciplina" (Foucault, 1975/2008).

No plano psicológico, o filme encena a impossibilidade de uma narrativa estável do self. Cada personagem representa uma forma diferente de fragmentação: Sullivan compensa com rigidez e manipulação, Costigan com angústia e impulsividade. Ambas as formas revelam a mesma ferida: uma identidade sem alicerce seguro.

A banda sonora — de Rolling Stones a Dropkick Murphys — amplifica essa instabilidade. É ruidosa, explosiva, muitas vezes dissonante. Serve menos para emocionar do que para provocar. É música de tensão, de perda de controlo, de urgência interior. Uma espécie de trilha para a ansiedade do tempo moderno.

No fim, The Departed não é sobre o crime. É sobre o desgaste mental de sustentar uma mentira demasiado tempo. Sobre a psicodinâmica de uma vida em disfarce — onde cada gesto custa ao Eu mais do que parece. Um filme sobre sobrevivência psíquica em contextos onde ser verdadeiro é, simplesmente, impossível.

Ficha Técnica:
Entre Inimigos (The Departed)
Ano: 2006
Realização: Martin Scorsese
Atores principais: Leonardo DiCaprio, Matt Damon, Jack Nicholson
Compositor: Vários (incluindo Dropkick Murphys, Rolling Stones)
Duração: 151 min
Género: Thriller psicológico / policial

Referências:
Freud, S. (1917/2006). Luto e melancolia. In S. Freud, Obras completas (pp. XX–XX). Rio de Janeiro: Imago.
Foucault, M. (2008). Vigiar e Punir: nascimento da prisão (9.ª ed.). Lisboa: Edições 70. (Obra original publicada em 1975)
Kernberg, O. (2005). Transtornos graves da personalidade (6.ª ed.). Porto Alegre: Artmed.
McWilliams, N. (2011). Psicodiagnóstico psicanalítico (2.ª ed.). Lisboa: Climepsi.

Capítulo 7: O Espiritual, O Poético E A Transcendência

Há filmes que não se explicam — sentem-se. Neste capítulo, o cinema abre espaço ao mistério, à contemplação e ao invisível. São obras que tocam zonas onde a linguagem falha, onde o tempo abranda e onde a experiência humana é vivida com uma intensidade que escapa à razão.

Não se trata aqui de religião ou fé institucional, mas de algo mais íntimo e indefinido: uma busca de sentido, um impulso de reconciliação com o que nos transcende. A poesia das imagens, o silêncio, a música e os gestos subtis revelam dimensões que não se dizem — mas que nos transformam.

Estes filmes não dão respostas. Sugerem. Evocam. Deixam uma vibração que permanece, como se nos chamassem a olhar para dentro com mais humildade. Porque às vezes, no escuro da sala, o cinema aproxima-se do sagrado.

A Borboleta Azul

Há filmes que brilham pela delicadeza com que abordam temas que normalmente se evitam. A Borboleta Azul (2004), realizado por Léa Pool, é um desses títulos. Inspirado numa história real, acompanha um menino de dez anos, terminalmente doente, cujo último desejo é viajar até à selva para encontrar a borboleta azul mais rara do mundo. Acompanhado por um entomologista (William Hurt), a viagem transforma-se em mais do que um encontro com a natureza: é uma despedida antecipada, um ritual de passagem e um espaço para refletir sobre a vida e a morte.

Os cuidados paliativos pediátricos, como sublinham Isabel S. Silva e Ana Bártolo (2016), não são apenas práticas médicas, mas intervenções que procuram garantir qualidade de vida e dignidade até ao fim. O filme traduz bem essa abordagem: não se trata de prolongar a existência a qualquer preço, mas de permitir que a criança encontre significado no tempo que lhe resta. Nesse sentido, a viagem não é apenas externa — é também interna, uma reconciliação com a ideia de finitude.

Carl Rogers (1991), em Tornar-se Pessoa, lembra-nos que a autenticidade e a aceitação incondicional são forças transformadoras em qualquer relação. O vínculo que se constrói entre o menino e o entomologista reflete essa verdade: não é uma relação de pena, mas de encontro genuíno.

O adulto, inicialmente cético, acaba por se transformar através da coragem e da vulnerabilidade da criança. É o humanismo rogeriano em ação — a prova de que até em cenários de perda inevitável é possível criar crescimento e sentido.

Megan Devine (2020), em Está Tudo Bem Não Estar Tudo Bem, recorda que o luto não é para ser ultrapassado, mas vivido. O filme ecoa essa perspetiva ao mostrar que a dor do menino e da sua mãe não é negada nem adoçada: é acolhida como parte da experiência humana. A borboleta azul torna-se metáfora desta aceitação — algo frágil, efémero e belo, que não precisa de durar para ter significado.

A banda sonora acompanha a narrativa com um lirismo contido. Não é uma música que dramatiza — é uma melodia que se insinua como fundo natural, ecoando os sons da floresta e a delicadeza do encontro entre vida e morte. Funciona como respiração, sustentando o tom contemplativo do filme.

A Borboleta Azul é, no fundo, uma parábola sobre o tempo. Mostra-nos que mesmo uma vida breve pode carregar intensidade, sentido e beleza. No voo da borboleta azul está condensada a verdade que tantas vezes esquecemos: não importa quanto tempo vivemos, mas a forma como escolhemos viver os nossos últimos instantes.

Ficha Técnica:
Título original: The Blue Butterfly
Ano: 2004
Realizadora: Léa Pool
Principais atores: William Hurt, Marc Donato, Pascale Bussières
Compositor da banda sonora: Luc St-Pierre
Género: Drama psicológico, familiar
Duração: 97 min

Referências:
Silva, I. S., & Bártolo, A. (2016). Cuidados Paliativos Pediátricos. Lisboa: Climepsi Editores.
Rogers, C. (1991). Tornar-se Pessoa: A Psicoterapia pelos Olhos do Terapeuta. Lisboa: Edições 70.
Devine, M. (2020). Está Tudo Bem Não Estar Tudo Bem. Lisboa: Nascente.

A Missão

A Missão permanece como um daqueles títulos que não envelhecem. O seu impacto não se deve apenas à beleza das imagens ou à grandiosidade da banda sonora, mas à profundidade moral e existencial que atravessa cada cena.

A história desenrola-se no século XVIII, entre selvas e cataratas da América do Sul, onde missionários jesuítas tentam proteger os povos indígenas da escravatura e da destruição. No centro da narrativa estão dois homens radicalmente distintos: o padre Gabriel (Jeremy Irons), que representa a via da fé, do amor e da não violência; e Rodrigo Mendoza (Robert De Niro), um mercador de escravos que, após cometer fratricídio, busca redenção ao integrar a missão. É nessa tensão — entre culpa e perdão, violência e entrega, sacrifício e espiritualidade — que o filme se constrói como uma poderosa meditação simbólica.

A transformação de Mendoza é talvez um dos arcos psicológicos mais comoventes do cinema moderno. A sua trajetória pós-trauma inscreve-se naquilo que Ferreira e Pereira (2004) designam como "reconstrução narrativa do sujeito traumatizado". Inicialmente dominado pela culpa e pelo vazio existencial, o personagem inicia um percurso de reencontro consigo mesmo através do gesto radical de submissão — arrastando literalmente, às costas, o peso das suas armas e culpas. O trauma, aqui, não é apenas uma ferida do passado: é um desmoronamento do sentido, só ultrapassável quando reinscrito num novo território simbólico (Jézéquel, 2021).

O papel da fé neste processo não surge como imposição teológica, mas como abertura a uma outra ordem de sentido. A relação com o padre Gabriel, marcada por contenção, silêncio e respeito, propõe um modelo de relação terapêutica baseada na presença e na escuta — algo que remete para a abordagem centrada na pessoa, ainda que neste caso mais espiritual do que clínica. Melo (2017) sublinha como o inconsciente opera a partir da emoção, da relação e da imagem. É exatamente isso que o filme oferece: não uma doutrina, mas imagens emotivas que reorganizam o psiquismo.

Assoun (2002) descreve a metapsicologia como o estudo dos destinos da pulsão e da sua transformação simbólica. Em A Missão, essa transformação é visível na transição de Mendoza da pulsão de morte — que o dominava enquanto mercador — para a pulsão de cuidado. A entrega ao outro, a renúncia à vingança, a adesão a uma causa comum tornam-se modos de sublimação psíquica e espiritual. A oposição entre fé e violência é intensificada pela decisão trágica do desfecho, em que os dois protagonistas enfrentam a destruição de formas distintas, mas igualmente profundas: um com armas, o outro com música e oração.

A música de Ennio Morricone não é apenas um complemento estético — é um personagem. Desde o tema do oboé tocado por Gabriel no primeiro contacto com os indígenas, até à missa final entre chamas e destruição, a música atravessa o filme como uma linguagem superior, sagrada, que fala ao corpo e à alma. Diniz (2004) sugere que as crenças não são apenas ideias, mas experiências encarnadas. A composição de Morricone capta isso mesmo: o modo como a fé se sente no corpo, como se organiza no ritmo interno da resistência e da beleza.

Coimbra de Matos (2012) lembra que a saúde mental não é ausência de sofrimento, mas a capacidade de integrar o sofrimento no tecido narrativo da existência. A Missão faz exatamente isso: apresenta personagens dilaceradas, mas não fragmentadas; derrotadas, mas não desprovidas de sentido. A violência colonial, a cobiça, a manipulação da Igreja e do poder secular estão todas presentes, mas é na resposta dos que resistem com dignidade que o filme encontra a sua elevação.

No final, o que permanece não é o triunfo do bem sobre o mal — esse nunca chega. O que fica é o gesto, o ato, o sacrifício. A ideia, como diz o cardeal Altamirano na última cena, de que a história continua — e que cabe a cada geração decidir o que fazer com ela.

Ficha Técnica:
Título original: The Mission
Ano: 1986
Realizador: Roland Joffé
Principais atores: Robert De Niro, Jeremy Irons, Ray McAnally
Compositor da banda sonora: Ennio Morricone
Género: Drama histórico, drama psicológico
Duração: 125 min

Referências:
APA – American Psychiatric Association. (2023). DSM-5-TR: Manual de Diagnóstico e Estatístico das Perturbações Mentais (5.ª ed. rev.). Lisboa: Climepsi Editores.
Assoun, P.-L. (2002). A Metapsicologia: As três vias de acesso ao inconsciente. Lisboa: Climepsi Editores.
Coimbra de Matos, A. (2012). Saúde Mental. Lisboa: Climepsi Editores.
Diniz, A. M. (2004). Sobre essas Coisas a que Chamamos Crenças. Lisboa: Climepsi Editores.
Ferreira, J. M., & Pereira, M. G. (2004). Stress Traumático – Aspetos Teóricos e Intervenção. Lisboa: Climepsi Editores.
Jézéquel, A. (2021). Memórias de Território. Lisboa: Climepsi Editores.
Melo, J. C. (2017). O Inconsciente Está no Cérebro. Lisboa: Climepsi Editores.

Bruce, o Todo-Poderoso

Um olhar descontraído sobre o dia em que Jim Carrey trocou as frustrações humanas pelas responsabilidades divinas.

Na prateleira da minha coleção, entre dramas intensos e clássicos de culto, há um lugar para filmes que simplesmente sabem entreter – e Bruce Almighty é um desses.

Lançado em 2003, realizado por Tom Shadyac, o filme traz Jim Carrey num dos seus papéis mais carismáticos: Bruce Nolan, um jornalista frustrado com a vida que, num acesso de raiva, acusa Deus de má gestão... e acaba por receber d'Ele os poderes divinos, com tudo o que isso implica.

O que parece à primeira vista uma comédia fácil esconde, no fundo, uma crítica à ideia de controlo. Bruce Almighty funciona como um espelho divertido da nossa tendência para reclamar do mundo, sem percebermos a complexidade de o gerir. A ilusão de controlo pessoal, bem explorada no enredo, remete para a visão de Albert Ellis e da Terapia Racional-Emotiva, que sustenta que muito do sofrimento humano advém de exigências absolutas em relação à realidade (Ellis, 2001).

Ao dar a Bruce a possibilidade de "resolver tudo", o filme mostra como até as melhores intenções podem ter consequências caóticas. A mensagem subtil sobre responsabilidade e livre arbítrio ecoa ideias centrais de Viktor Frankl: o ser humano não escolhe as circunstâncias, mas é livre para escolher a sua atitude perante elas (Frankl, 2004).

Jim Carrey entrega-se ao papel com a elasticidade física e expressiva que o tornou famoso, mas também com momentos de sinceridade emocional que sustentam o tom mais humano do filme. Jennifer Aniston, como Grace, traz equilíbrio e empatia à narrativa, enquanto Morgan Freeman, como Deus, é simplesmente... perfeito. Calmo, irónico e sábio, é o contraponto ideal para a turbulência interior de Bruce — quase como uma representação do Self junguiano, símbolo da totalidade e da integração da psique (Jung, 1964).

Bruce Almighty é uma boa escolha para rever em dias em que queremos algo que faça rir sem ser idiota, que provoque sem moralismos e que levante questões sem as impor. Entre uma cena com sopa dividida como o Mar Vermelho e uma discussão séria sobre amor e livre arbítrio, o filme lembra-nos que talvez a nossa maior responsabilidade não seja mudar o mundo — mas sermos mais conscientes nele.

Ficha Técnica:
Título original: Bruce Almighty
Ano: 2003
Realizador: Tom Shadyac
Principais atores: Jim Carrey, Jennifer Aniston, Morgan Freeman
Compositor: John Debney
Duração: 101 min

Referências:
Ellis, A. (2001). Como controlar a ansiedade antes que ela o controle a si. Edições Sílabo.
Frankl, V. E. (2004). O homem em busca de um sentido (12.ª ed.). Edições Paulinas.
Jung, C. G. (1964). O homem e os seus símbolos. Dom Quixote.

Cinema Paraíso

A minha estante de DVDs e Blu-rays é preenchida por filmes escolhidos não pelo ruído da atualidade, mas pela sua permanência no tempo. Cinema Paraíso (1988), de Giuseppe Tornatore, é uma dessas obras que cresce com a memória. Vista na infância, é deslumbramento; revista na vida adulta, é nostalgia pura.

A história segue Salvatore, um realizador de sucesso, que regressa à vila natal após a morte de Alfredo, o velho projecionista do cinema local. O reencontro com as ruínas do Cinema Paradiso reabre as feridas do crescimento, da perda e da passagem do tempo. Tornatore filma com olhos de menino envelhecido, oscilando entre a ingenuidade e a resignação. A narrativa estrutura-se como um regresso simbólico à casa emocional — um reencontro com aquilo que se foi para se compreender quem se é (Bruner, 2002).

A personagem Salvatore (Totó) reconstrói-se à medida que reescreve o seu passado. Alfredo, uma figura paternal, encarna também uma versão simbólica do "mentor" junguiano, que orienta a travessia do herói em direção à construção da pessoa. Jung descreve esta figura como um arquétipo necessário à individuação — o processo de integração da identidade adulta através do reconhecimento da experiência e da perda (Jung, 2016). A perda da figura do pai — biológica e simbólica — marca o início da maturidade e da autonomia, ainda que dolorosa.

A narrativa alinha-se em direção a uma aceitação do tempo como corrente inevitável. Alfredo ensina Totó a não olhar para trás. E no entanto, a grande ironia do filme é que é precisamente nesse olhar para trás que reside o sentido, a reconciliação, a paz. Aqui ressoa a ideia de Viktor Frankl sobre a retrospetiva existencial: o sentido pode ser construído não apenas no presente, mas na forma como reinterpretamos o que vivemos (Frankl, 2006).

Com música de Ennio Morricone e Andrea Morricone, a banda sonora acompanha não apenas as emoções — ela amplifica-as. O tema principal já é, por si só, uma cápsula de nostalgia. Há uma ternura melancólica nos acordes, como se fossem velhas fitas de película a girar no projetor interior de cada espectador. A música aqui é memória sonora — não ilustra o passado, convoca-o.

O Cinema Paradiso — espaço físico e simbólico — funciona como matriz de afeto e fantasia. Um útero coletivo onde se projetam amores, gargalhadas e ausências. O final da película, como numa série viciante, deixa-nos a desejar conhecer o próximo episódio da vida da personagem. Mas também nos deixa mais perto da nossa — dessa memória íntima onde o cinema foi, para tantos, o primeiro espelho emocional.

Ficha Técnica:
Título original: Nuovo Cinema Paradiso
Ano: 1988
Realizador: Giuseppe Tornatore
Principais atores: Philippe Noiret, Salvatore Cascio, Marco Leonardi, Jacques Perrin
Compositores: Ennio Morricone, Andrea Morricone
Duração: 155 min (versão do realizador)
Género: Drama

Referências:

Bruner, J. (2002). A construção narrativa da realidade (2.ª ed.). Edições 70.
Frankl, V. E. (2006). O homem em busca de um sentido (14.ª ed., A. R. da Silva, Trad.). Edições Paulinas.
Jung, C. G. (2016). O homem e os seus símbolos (3.ª ed.). Dom Quixote.

Delírio Em Las Vegas

Na prateleira da minha coleção, este é daqueles filmes que resiste à catalogação. Não cabe nos rótulos clássicos — nem como comédia, nem como drama, nem como crítica social.

Delírio em Las Vegas (1998), realizado por Terry Gilliam, é um objeto cinematográfico tão errático quanto fascinante, adaptado da obra de Hunter S. Thompson (2007), pioneiro do jornalismo gonzo.

Mas o filme vai além da sátira. É uma experiência psicótica em celuloide, onde acompanhamos dois personagens em queda livre pelo deserto do Nevada e pelas ruínas do sonho americano.

A estrutura narrativa é deliberadamente caótica — um turbilhão de fragmentos, alucinações, diálogos absurdos e visões grotescas. A viagem de Raoul Duke (Johnny Depp) e Dr. Gonzo (Benicio del Toro) a Las Vegas começa com cobertura jornalística e termina em colapso total da identidade. O tempo e o espaço perdem coerência, e o que sobra são imagens disformes, vozes deformadas e uma sucessão de momentos onde o grotesco e o trágico se confundem.

Este filme não se entende com raciocínio lógico. Entende-se por imersão — como se o espectador fosse também induzido a estados alterados de consciência. Aqui, a psicopatologia não é tema — é forma. Assistimos a delírios persecutórios, episódios psicóticos, dissociação, distorções sensoriais — não explicados, mas experienciados. A viagem é interior, e o mundo exterior torna-se um reflexo distorcido da mente em desintegração (Laing, 2001).

As referências à psicologia são inevitáveis, embora o filme as trate como matéria crua: a dissociação identitária, os estados limítrofes entre consciência e colapso, a fuga total ao princípio de realidade (Freud, 2006). Se quisermos interpretar à luz da Psicologia Humanista, poderíamos dizer que os protagonistas são o avesso da autorrealização — são a negação de qualquer estrutura existencial estável (Rogers, 2004).

Freud, por sua vez, apontaria aqui um eu dominado pelo id, onde o prazer imediato substitui qualquer moralidade ou racionalidade (Freud, 2006).

Mas o que o filme verdadeiramente encena é a falência da cultura americana, no seu coração mais artificial — Las Vegas. O uso de substâncias não é recreativo; é anestésico. Não há rebeldia — há colapso. A montagem visual hiperbólica de Gilliam amplifica esse efeito, com câmaras distorcidas, luzes de néon saturadas, espelhos e espasmos visuais que transformam a cidade num pesadelo vivo. É a psicose como estética (Jung, 2007).

A banda sonora, com faixas de Jefferson Airplane, Tom Jones e outros ícones dos anos 60/70, funciona como âncora temporal — não para situar, mas para lembrar que o tempo já passou. A geração das utopias transformou-se em cinismo. E os protagonistas não são heróis — são zumbis da contra-cultura, a pairar entre o fim de uma era e o nada que se segue.

No final, quando Duke escreve a sua crónica sobre a "onda que rebentou", percebemos que o filme, por mais caótico que pareça, é um lamento profundo. O delírio serve para anestesiar a lucidez — e o riso, por vezes, soa demasiado perto do grito.

Ficha Técnica:
Título original: Fear and Loathing in Las Vegas
Ano: 1998
Realização: Terry Gilliam
Principais atores: Johnny Depp, Benicio del Toro
Compositor: Ray Cooper (supervisão musical)
Duração: 118 min
Género: Drama / Psicadélico / Satírico

Referências:
Thompson, H. S. (2007). Delírio em Las Vegas. Lisboa: Edições Tinta-da-China.
Freud, S. (2006). O Ego e o Id. Lisboa: Relógio D'Água.
Rogers, C. R. (2004). Tornar-se Pessoa. Lisboa: Edições 70.
Jung, C. G. (2007). O Homem e os seus Símbolos. Lisboa: Edições 70.
Laing, R. D. (2001). A Política da Experiência. Lisboa: Edições 70.
Damasio, A. R. (2010). O Erro de Descartes. Lisboa: Gradiva.

Despertares

Entre os filmes mais comoventes da minha coleção, Despertares (1990), realizado por Penny Marshall, impõe-se pela delicadeza com que aborda o sofrimento humano sem o transformar em espetáculo. É um filme sobre escuta, sobre presença, e sobre a possibilidade — ainda que breve — de acordar do silêncio absoluto.

Baseado nas memórias clínicas de Oliver Sacks, Despertares acompanha o trabalho do Dr. Malcolm Sayer (Robin Williams) — alter ego ficcional do próprio Sacks — num hospital psiquiátrico dos anos 60, onde vários pacientes se encontram em estados catatónicos prolongados, diagnosticados como vítimas da encefalite letárgica. Ao administrar L-Dopa, um fármaco experimental, Sayer assiste ao que parece ser um milagre clínico: os pacientes "acordam" após décadas de suspensão. Mas o que regressa não é apenas o corpo — é também a consciência ferida pelo tempo.

Leonard Lowe (Robert De Niro) é o rosto mais visível desse despertar. Mas o seu regresso não é uma restituição da normalidade: é uma travessia marcada pela angústia da perda, pela urgência de viver e pelo terror da regressão iminente. O filme nunca cede à tentação do melodrama. Cada instante de lucidez é tratado com sobriedade e respeito — e cada recaída, com um silêncio que diz mais do que qualquer diagnóstico.

A narrativa estrutura-se como um duplo movimento de cuidado: enquanto Leonard aprende a habitar de novo o mundo, Sayer começa também a sair do seu próprio torpor emocional. O médico, tímido e quase ausente de si, encontra nos pacientes uma via para se reencontrar. Como dizia Carl Rogers, "o processo terapêutico é uma relação entre duas vulnerabilidades" (Rogers, 1961/2004). E aqui, esse encontro torna-se visível: sem artifício, sem salvadores — apenas presença.

Em termos psicopatológicos, Despertares lida com um quadro neurológico raro, mas não se limita à observação médica. Leonard revela traços obsessivos, crises de frustração intensas, impulsos de afirmação e um sofrimento psíquico que escapa aos manuais. Como lembra Viktor Frankl, "entre o estímulo e a resposta, existe um espaço — e nesse espaço reside a liberdade humana" (Frankl, 1946/2007). Leonard tenta ocupar esse espaço com a dignidade possível, mesmo sabendo que o tempo lhe será retirado.

A banda sonora de Randy Newman acompanha esta travessia com uma contenção invulgar. Evita crescendos, evita manipulação emocional. É música que respeita a interioridade dos seus protagonistas — como se nos dissesse que nem tudo pode ser traduzido por palavras, nem tudo precisa de ser explicado.

Despertares é, no fundo, um lembrete raro: a vida, mesmo nos corpos mais silenciados, continua a pulsar. E escutar essa pulsação — como gesto clínico, como gesto humano — talvez seja a mais difícil das tarefas.

Ficha Técnica:
Despertares
Ano: 1990
Realização: Penny Marshall
Atores principais: Robin Williams, Robert De Niro, Julie Kavner
Compositor: Randy Newman
Duração: 121 min
Género: Drama psicológico / biográfico

Referências:
Frankl, V. E. (2007). O homem em busca de um sentido (10.ª ed.). Lisboa: Presença. (Obra original publicada em 1946)
Rogers, C. R. (2004). Tornar-se pessoa: as bases da psicoterapia centrada no cliente (3.ª ed.). Lisboa: Edições 70. (Obra original publicada em 1961)
Sacks, O. (2006). Despertares (9.ª ed.). Lisboa: Relógio D'Água. (Obra original publicada em 1973).

Enter the Void

Na minha prateleira, Enter the Void sempre me pareceu um ritual — desses que se fazem em silêncio, com o corpo tenso e os sentidos à flor da pele. Gaspar Noé não propõe uma história — empurra-nos para dentro de uma consciência a desintegrar-se. E o mais inquietante é que não somos apenas espectadores: somos aquilo que sobra depois do fim.

Óscar morre nos primeiros minutos filme. Um tiro. E, a partir daí, resta apenas o olhar — uma perceção desencarnada, suspensa, fragmentada. A câmara transforma-se na mente flutuante de alguém que já não está vivo, mas também ainda não partiu. O que vem depois não é narração — é revivência. Uma sequência de imagens, memórias, impulsos, que se repetem como ecos de algo que nunca chegou a ser integrado.

A morte dos pais, numa infância já distante, paira como fantasma de fundo. Não há elaboração — há apenas repetição. A dor não foi simbolizada, apenas arquivada num canto invisível da memória. Quando a perda ocorre demasiado cedo, o mundo interno pode ficar sem referência — e aquilo que deveria ser um processo de luto transforma-se numa presença crónica e muda (Bowlby, 1980; Parkes, 2006). O passado não passa. Fica ali, suspenso, a repetir-se.

A relação com a irmã, Linda, não é apenas afeto — é fusão. Dois órfãos colados um ao outro como vestígios de uma segurança que nunca existiu. Óscar não quer proteger Linda; quer preservar nela o que resta dele próprio. A ligação é simbiótica, sem fronteiras. O outro torna-se espelho — e, por isso, a morte não o liberta. Apenas o arrasta num ciclo de vigília permanente.

Não há tempo cronológico. Só tempo psíquico. A narrativa afunda-se. O eu também. O filme deixa de ter sequência — passa a ter estados. E é precisamente nesse colapso narrativo que se torna tão incómodo. Quando o sujeito perde a capacidade de construir uma história de si mesmo, já não é só o enredo que falha — é a identidade que se apaga (Ricoeur, 1991). A fragmentação não é estética: é existencial.

A espiritualidade surge como travessia possível, mas não redentora. A inspiração no Livro Tibetano dos Mortos oferece uma linguagem visual onde o espírito vagueia por entre luzes, úteros e atravessamentos. Há uma promessa de renascimento, mas nada garante que isso seja salvação. As imagens remetem para o arquétipo do retorno — mas o retorno, aqui, é mecânico, repetitivo, quase cruel. A alma não regressa ao mundo. Fica presa ao vazio entre um corpo que morreu e um self que nunca chegou a nascer por inteiro (Jung, 1964).

Falta chão. Falta espelho. Falta um ambiente suficientemente seguro onde se possa ser alguém. Desde cedo, Óscar sobreviveu — mas nunca foi acolhido. A ausência de congruência afetiva e de validação emocional gera um self precário, disfarçado de autonomia (Rogers, 2004). Tudo nele parece ter sido construído para funcionar — não para sentir. O vazio que habita não é filosófico. É afetivo.

A música de Thomas Bangalter (Daft Punk) amplifica esse estado. Não são canções — são frequências. Sons subterrâneos, respirações vibrantes, ruídos de um sistema nervoso em colapso. É uma banda sonora que não comenta — ressoa. Vibra com o que não se diz. Tinge as imagens com uma angústia que nunca se nomeia.

Num certo momento do filme, essa sensação de isolamento torna-se quase insuportável. A morte não é o que dói — o que dói é continuar a existir sem ninguém. Há um silêncio absoluto que não é paz, mas abandono. Como se o fim da vida não tivesse trazido libertação — apenas continuação de um estado que já era de exílio. A solidão, aqui, é total. Não apenas porque não há mais corpo — mas porque nunca houve partilha real (Yalom, 2008).

E talvez seja isso que o filme tenta dizer: que se pode desaparecer antes de morrer. Que a ausência pode instalar-se muito antes do último batimento cardíaco. Que quando a dor não encontra tradução, o sujeito dissolve-se. Que sem história, sem vínculo e sem espelho, aquilo que somos começa a esvaziar-se até não sabermos se ainda somos alguém. Como escreveu Pio Abreu, "há sujeitos que estão presentes, mas ausentes de si" — pessoas cujo vazio não é ausência de conteúdo, mas falência simbólica (Abreu, 2014).

No fundo, Enter the Void não é sobre a morte. É sobre o que acontece quando a vida não foi suficientemente habitada. E a pergunta final não é metafísica — é íntima: que parte de mim ficou suspensa onde ninguém me viu?

Ficha Técnica:
Título original: Enter the Void
Ano: 2009
Realizador: Gaspar Noé
Principais atores: Nathaniel Brown, Paz de la Huerta, Cyril Roy
Compositor da banda sonora: Thomas Bangalter
Género: Ficção experimental, drama psicológico
Duração: 161 min

Referências:
Abreu, J. L. P. (2014). O bailado da alma. Lisboa: Dom Quixote.
Bowlby, J. (2000). Perda: tristeza e depressão (3.ª ed.). Lisboa: Relógio D'Água. (Obra original publicada em 1980)
Jung, C. G. (2013). O homem e os seus símbolos (3.ª ed.). Lisboa: Relógio D'Água. (Obra original publicada em 1964)
Parkes, C. M., Laungani, P., & Young, B. (Eds.). (2006). Morte e luto através das culturas. Lisboa: Climepsi Editores.
Ricoeur, P. (1991). Tempo e narrativa (Vol. 1). Lisboa: Edições 70.
Rogers, C. R. (2004). Tornar-se pessoa (9.ª ed.). Lisboa: Moraes Editores.
Yalom, I. D. (2008). De frente para o sol: como superar o terror da morte. Lisboa: Edições ASA.

Favores Em Cadeia

Há filmes que regressam como memórias luminosas, mesmo quando carregam dores profundas. Favores em Cadeia (2000), realizado por Mimi Leder, é um desses. A sua premissa parece simples: um menino de 12 anos, Trevor (Haley Joel Osment), cria um sistema de ajuda mútua em que cada favor recebido deve ser pago não a quem ajudou, mas a três outras pessoas. Uma corrente de solidariedade que, a partir de um gesto infantil, desafia o cinismo do mundo adulto.

No entanto, por detrás da simplicidade, o filme mergulha em feridas pessoais e sociais. Trevor vive com a mãe, Arlene (Helen Hunt), marcada pela luta contra o alcoolismo, e encontra no professor Simonet (Kevin Spacey) a figura de adulto capaz de acreditar no seu projeto. O que está em jogo não é apenas a bondade, mas a possibilidade de crescer num ambiente adverso sem perder a fé no humano.

O Manual de Psicologia do Desenvolvimento e Aprendizagem (Porto Editora, 2010) ajuda-nos a compreender o impulso de Trevor como expressão de um estádio moral mais avançado do que a sua idade poderia prever: a passagem da justiça retributiva para uma ética da responsabilidade. O seu projeto nasce de uma capacidade de raciocínio moral e de empatia que, em contexto académico, pode ser catalisada pela relação com adultos significativos.

É aqui que a perspetiva de Carl Rogers se torna essencial. Em Tornar-se Pessoa (1991), Rogers sublinha como a autenticidade e a aceitação incondicional podem abrir espaço para a transformação. Trevor encontra no professor Simonet essa relação facilitadora: não uma autoridade rígida, mas alguém que legitima a sua criatividade e lhe dá voz. Rogers lembra-nos que a mudança surge do encontro humano genuíno — e é exatamente esse encontro que faz germinar a ideia de "favores em cadeia".

Mas Trevor não vive num vazio. A relação com a mãe é atravessada pelo peso do alcoolismo. Ferreira-Borges e Cunha Filho (2001), em Alcoolismo e Toxicodependência, descrevem como a dependência afeta a estrutura familiar, minando a confiança e criando ciclos de instabilidade. Arlene, entre recaídas e tentativas de recuperação, mostra como a toxicodependência não é apenas doença individual, mas fenómeno que contamina os vínculos. É nesse espaço de fragilidade que o projeto do filho adquire maior força: como se Trevor quisesse, inconscientemente, reparar o que a adição desfez.

A leitura sistémica de Sónia Caridade e Carla Fonte, em Intervenção Psicológica com Crianças e Adolescentes (2014), reforça esta perspetiva: o desenvolvimento das crianças em contextos de risco depende do apoio de redes protetoras — sejam elas familiares, escolares ou comunitárias. Trevor cria, ainda que ingenuamente, a rede que lhe falta: uma rede imaginada onde o cuidado se multiplica, colmatando a ausência de estabilidade em casa.

A banda sonora de Thomas Newman acompanha este movimento com subtileza. Melodias minimalistas e emotivas, frequentemente em piano e cordas, traduzem o tom simultaneamente esperançoso e melancólico do filme. Não se trata de música grandiosa, mas de notas que se insinuam como prolongamento da ternura e da vulnerabilidade dos personagens.

Favores em Cadeia não é apenas sobre ajudar os outros. É sobre como a esperança pode nascer da dor, e como a infância, mesmo ferida, é capaz de gerar horizontes de transformação. Trevor não nos deixa apenas um sistema de solidariedade — deixa-nos um desafio: o de acreditar que cada gesto conta, mesmo quando o mundo parece demasiado duro para o suportar.

Ficha Técnica:
Título original: Pay It Forward
Ano: 2000
Realizadora: Mimi Leder
Principais atores: Haley Joel Osment, Kevin Spacey, Helen Hunt
Compositor da banda sonora: Thomas Newman
Género: Drama psicológico, familiar
Duração: 123 min

Referências:
Porto Editora. (2010). Manual de Psicologia do Desenvolvimento e Aprendizagem. Porto: Porto Editora.
Rogers, C. (1991). Tornar-se Pessoa: A Psicoterapia pelos Olhos do Terapeuta. Lisboa: Edições 70.
Caridade, S., & Fonte, C. (2014). Intervenção Psicológica com Crianças e Adolescentes. Lisboa: Climepsi Editores.
Ferreira-Borges, C., & Cunha Filho, H. (2001). Alcoolismo e Toxicodependência. Lisboa: Climepsi Editores.

O Último Capítulo

Entre os títulos da minha coleção, há filmes que resistem à categorização. O Último Capítulo (The Fountain, 2006), de Darren Aronofsky, é um desses objetos raros — indefinível, hipnótico e sensorial. Um gesto cinematográfico que nos envolve mais pelo que sentimos do que pelo que compreendemos à primeira vista.

Três histórias entrelaçadas. Três tempos. Três formas de amar. Um homem que procura a cura da mulher que ama, outro que a vinga no passado, outro que tenta reencontrá-la num futuro onde a carne já quase não existe. Tudo o resto — tempo, realidade, vida ou morte — parece colapsar em torno desta busca.

Visualmente arrebatador, Aronofsky constrói uma obra que se lê como uma meditação sobre a perda e a transcendência. Não há um enredo tradicional, mas antes um fluxo simbólico — como se o luto se misturasse com a cosmologia. Hugh Jackman percorre as três dimensões temporais com o mesmo olhar perturbado de quem se recusa a aceitar o fim. Rachel Weisz, por sua vez, é presença e ausência, corpo e memória, âncora e libertação.

Ao longo do filme, a dor da perda transforma-se em negação ativa. O protagonista isola-se emocionalmente numa missão impossível, tentando vencer a morte com ciência, fé ou viagem interior. O luto, aqui, não se revela através do choro, mas através da obsessão — um desespero contido, que se recusa a atravessar o vazio. Esta recusa encaixa-se no modelo de Elisabeth Kübler-Ross, que descreve o luto como uma travessia por estágios como negação, raiva, barganha e aceitação (Kübler-Ross, 2016). Só no fim, quando o ciclo se fecha e a aceitação enfim acontece, é que a dor se dissolve em amor. E o tempo, finalmente, deixa de ser inimigo.

A Fountain é também um exercício de individuação, no sentido junguiano — o caminho do herói interior que, ao integrar a perda, atinge uma forma ampliada de consciência (Jung, 2016). Aronofsky desenha esse percurso não com explicações, mas com imagens — como num sonho que não se explica, apenas se vive.

A banda sonora, composta por Clint Mansell, com a colaboração dos Kronos Quartet e Mogwai, é absolutamente central à experiência do filme. As cordas repetem-se como um mantra, a eletrónica cresce em camadas emocionais, e tudo se condensa num crescendo que parece querer atingir o próprio coração da dor. É música que respira com a imagem e amplifica o silêncio dos momentos mais íntimos.

O Último Capítulo é, no fundo, uma parábola. Uma fábula cósmica sobre o luto, o tempo e o eterno retorno. Um daqueles filmes que não pedem explicação, apenas entrega.

Ficha Técnica:
Título original: The Fountain
Ano: 2006
Realizador: Darren Aronofsky
Principais atores: Hugh Jackman, Rachel Weisz, Ellen Burstyn
Compositor: Clint Mansell (com Kronos Quartet e Mogwai)
Duração: 96 min
Género: Drama, Ficção científica, Fantasia

Referências:

Jung, C. G. (2016). O homem e os seus símbolos (3.ª ed.). Dom Quixote.
Kübler-Ross, E. (2016). Sobre a morte e o morrer (5.ª ed.). Palas Editores.

Sete Anos no Tibete

Sete Anos no Tibete (1997), de Jean-Jacques Annaud, é um filme que nunca se impõe pela ação imediata, mas pelo ritmo lento da metamorfose interior que encena. A história de Heinrich Harrer, alpinista austríaco egocêntrico, que foge da guerra e acaba por encontrar no Tibete um caminho inesperado de humanidade, não é apenas um relato de viagem, mas uma parábola sobre a transformação do self perante o encontro com o outro.

Harrer parte de um narcisismo duro, onde a glória individual e a fuga às responsabilidades familiares marcam a sua identidade inicial. É nesse ponto que a perspetiva de Carl Rogers se torna central: a jornada de Harrer é a passagem de uma existência fechada, defensiva, para a abertura a uma experiência de autenticidade, aquilo a que Rogers chama o "tornar-se pessoa" (Rogers, 1991).

A relação com o jovem Dalai Lama não surge como paternalismo, mas como aprendizagem mútua. O líder espiritual oferece-lhe a delicadeza da curiosidade infantil, enquanto Harrer, ao cuidar dele, encontra a dimensão emocional que nunca soube viver. Este processo de amadurecimento é iluminado pelo conceito de inteligência emocional de Daniel Goleman (1995): a capacidade de reconhecer as próprias emoções, regulá-las e transformar a energia defensiva em empatia.

Mas esta transformação não é isenta de conflito. No início, Harrer encontra-se preso num inconsciente marcado pela culpa, pela sombra do egoísmo e pelo choque cultural. Aqui, o contributo de João Carlos Melo, em As Faces do Inconsciente (2012), ajuda a compreender como o sujeito, confrontado com uma cultura espiritual distinta, se vê obrigado a revisitar os seus fantasmas internos. O inconsciente deixa de ser apenas um reservatório de pulsões reprimidas, para se tornar um campo de interrogação sobre a identidade.

Ao mesmo tempo, a leitura da psicanálise de Alain de Mijolla e Sophie de Mijolla-Mellor (2002) oferece-nos a chave para entender o movimento de Harrer: a viagem não é só geográfica, mas simbólica. Ele atravessa a transferência, projeta no Dalai Lama as figuras de autoridade e de pureza, e, ao mesmo tempo, dissolve as resistências narcísicas que o mantinham aprisionado. O deserto tibetano é também o deserto da sua interioridade.

A banda sonora de John Williams funciona como mediador emocional desta travessia: orquestrações amplas que evocam a vastidão do Tibete, mas que, simultaneamente, acompanham as mudanças subtis do protagonista. A música, mais do que ilustrar paisagens, traduz a transformação interna: da dureza marcial do início até à ternura quase espiritual do final.

Sete Anos no Tibete é menos sobre política e mais sobre mente humana: um homem que, ao atravessar a guerra e a montanha, encontra o Dalai Lama como espelho do que poderia ter sido — e ainda pode ser. O filme lembra-nos que a transcendência não se encontra apenas nos templos ou nas alturas, mas no silêncio com que aprendemos a olhar o outro e, nele, a descobrir-nos.

Ficha Técnica:
Título original: Seven Years in Tibet
Ano: 1997
Realizador: Jean-Jacques Annaud
Principais atores: Brad Pitt, David Thewlis, Jamyang Jamtsho Wangchuk
Compositor: John Williams
Género: Drama, Biográfico
Duração: 136 minutos

Referências:
Rogers, C. (1991). Tornar-se Pessoa. Lisboa: Moraes Editores.
Goleman, D. (1995). Inteligência Emocional. Lisboa: Temas e Debates.
Melo, J. C. (2012). As Faces do Inconsciente. Lisboa: Climepsi Editores.
Mijolla, A., & Mijolla-Mellor, S. (2002). Psicanálise. Lisboa: Climepsi Editores.

Silêncio

Entre os filmes que guardo na prateleira, há aqueles que gritam, que explodem, que ferem. E há outros que se recolhem, que exigem silêncio interior para poderem ser ouvidos. Silêncio, de Martin Scorsese, é esse tipo de filme. Um filme que não se impõe — que se arrasta para dentro de nós como uma oração em ruínas.

A história segue dois missionários jesuítas portugueses, Sebastião Rodrigues e Francisco Garupe, que partem para o Japão do século XVII em busca do seu mentor desaparecido. O que encontram não é apenas uma terra hostil ao cristianismo, mas um espelho da própria fé — um espelho estilhaçado, onde cada reflexo se fragmenta entre dúvida, culpa e sacrifício. O Japão, no filme, não é apenas um lugar físico. É o território da sombra, onde a fé, confrontada com a brutalidade da realidade, deixa de ser luz e se torna dilema.

Rodrigues entra nessa paisagem como alguém guiado pela certeza. Mas a certeza é talvez o mais frágil dos alicerces espirituais. É aqui que se impõe o pensamento de Kierkegaard, para quem a fé verdadeira não nasce da prova, mas do salto (Kierkegaard, 2002). Um salto feito na ausência de garantias, onde o divino se revela não na resposta, mas no silêncio. E esse silêncio, que dá nome ao filme, torna-se o grande protagonista: Deus não fala, e essa ausência abre espaço à angústia mais íntima.

Ao longo da narrativa, a fé dos missionários é testada não apenas pela violência, mas pela ambiguidade. Os cristãos japoneses, simples e devotos, tornam-se espelhos onde Rodrigues vê a pureza da crença — mas também a sua futilidade diante do sofrimento. A conversão forçada de muitos desses crentes, sob tortura, não representa fraqueza. Representa o colapso de um modelo de fé que exige sacrifício como única forma de redenção. Neste ponto, a crítica de Nietzsche torna-se perturbadora: talvez aquilo que se impõe como virtude — a abnegação, o martírio, a culpa — não passe de uma moral do rebanho, construída sobre a negação da vida (Nietzsche, 2007).

E no entanto, Rodrigues resiste. Acredita que a sua fidelidade o aproxima de Deus. Mas aos poucos, a sua imagem de Deus esvanece. O que resta é um eco, uma presença que se ausenta. Jung escreveu que o processo de individuação exige o confronto com a sombra — com aquilo que negamos em nós e no mundo (Jung, 2004). Em Silêncio, essa sombra é o próprio silêncio divino, que revela a fragilidade da identidade espiritual construída sobre dogmas.

A tensão entre fidelidade institucional e escuta interior é dilacerante. Quando Rodrigues é confrontado com a possibilidade de pisar a imagem de Cristo para salvar vidas, o dilema já não é teológico. É existencial. A imagem de Cristo, naquele momento, não é símbolo de adoração, mas de prisão. E talvez a verdadeira fé — aquela que Rogers associaria à congruência com o self mais profundo (Rogers,

2004) — esteja no ato de trair o dogma para honrar a compaixão.

A perda da presença de Deus, ao longo do filme, pode ser lida como luto. Bowlby descreveu a perda de figuras significativas como um processo que reorganiza a estrutura do eu (Bowlby, 1998). Aqui, o que se perde é uma imagem de Deus demasiado rígida, demasiado humana. Uma imagem que já não responde, e cuja ausência obriga a uma reconstrução interior mais silenciosa e solitária.

Pio Abreu escreveu que o sujeito pode sobreviver ao colapso das suas crenças se for capaz de reconstituir simbolicamente a sua identidade a partir dos escombros (Pio Abreu, 2014). É isso que Rodrigues faz. Já não é o sacerdote triunfante que partiu de Portugal. É um homem que, no silêncio, descobre que Deus não precisa de ser ouvido para ser habitado.

A banda sonora, quase impercetível, reforça essa ausência. Não há melodias que nos guiem. Apenas sons dispersos, naturais, inquietantes. O ruído dos grilos, da água, do vento — tudo vibra com uma espiritualidade sem palavras, feita de matéria e de ausência.

No final, Rodrigues parece ter cedido. Vive como japonês, sob vigilância, aparentemente convertido. Mas quando a sua esposa coloca na mão do cadáver um pequeno crucifixo escondido, percebemos que aquilo que se quebrou não foi a fé — foi a forma de a dizer. A fé não grita mais.

Permanece em silêncio. E nesse silêncio, talvez esteja finalmente livre.

Ficha Técnica:
Título original: Silence
Ano: 2016
Realizador: Martin Scorsese
Principais atores: Andrew Garfield, Adam Driver, Liam Neeson
Compositor da banda sonora: Kim Allen Kluge, Kathryn Kluge
Género: Drama histórico, espiritual, psicológico
Duração: 161 min

Referências:
Bowlby, J. (1998). Perda: Tristeza e depressão (Vol. 3). Lisboa: Climepsi.
Jung, C. G. (2004). O eu e o inconsciente. Lisboa: Edições 70.
Kierkegaard, S. (2002). Temor e tremor. Lisboa: Edições 70.
Nietzsche, F. (2007). A genealogia da moral. Lisboa: Relógio D'Água.
Pio Abreu, J. L. (2014). O bailado da alma. Lisboa: Dom Quixote.
Rogers, C. (2004). Tornar-se pessoa. Lisboa: Moraes Editores.

O Despertar Da Mente

O Despertar da Mente é um dos filmes que mais tempo tem na estante da coleção, mas não envelhece, nem perde relevância emocional.

Com O Despertar da Mente (2004), Michel Gondry assina uma obra ímpar onde a estética visual surrealista se entrelaça com uma análise profunda das fragilidades emocionais humanas.

O argumento de Charlie Kaufman mergulha-nos numa premissa aparentemente absurda — apagar memórias dolorosas de um amor terminado — mas, aos poucos, revela-se uma metáfora crua sobre as tentativas falhadas de evitar o sofrimento. A lógica emocional da narrativa remete diretamente para os mecanismos de defesa descritos por Freud, nomeadamente a repressão e a dissociação, enquanto estratégias para escapar à dor insuportável (Freud, 2006).

Joel, interpretado por Jim Carrey num dos seus papéis mais contidos e genuínos, entrega-se a um processo de eliminação de memórias após o fim da relação com Clementine (Kate Winslet). À medida que as lembranças vão desaparecendo, o espectador acompanha o turbilhão interno de Joel, que se apercebe que até os momentos de dor compõem aquilo que ele é — e que talvez esquecer seja mais violento do que lembrar. Esta dimensão remete para a visão de Carl Rogers sobre a importância da aceitação integral da experiência vivida como parte da construção do self (Rogers, 2001).

A abordagem de Gondry, com cortes abruptos, saltos narrativos e cenários que colapsam, não serve apenas de artifício estético; traduz visualmente o caos mental e emocional de quem revive, em desespero, a tentativa de manter viva uma ligação que já se desfez. O espaço interno de Joel — fragmentado e instável — encena simbolicamente o processo de luto, tal como descrito por Elisabeth Kübler-Ross, entre negação, raiva, barganha e aceitação (Kübler-Ross, 2016).

A banda sonora de Jon Brion é subtil e melancólica, com destaque para a canção "Everybody's Got to Learn

Sometime", interpretada por Beck, que acentua esse sentimento de nostalgia inevitável.

Há algo de profundamente psicológico em todo o enredo: o mecanismo de defesa da repressão, o luto amoroso, a construção da identidade através da relação com o outro. O Despertar da Mente não oferece respostas fáceis, mas convida a refletir sobre até que ponto estaríamos dispostos a apagar parte de nós próprios para evitar o sofrimento.

Ficha Técnica:
Título original: Eternal Sunshine of the Spotless Mind
Ano: 2004
Realizador: Michel Gondry
Principais atores: Jim Carrey, Kate Winslet, Kirsten Dunst, Mark Ruffalo, Elijah Wood
Compositor: Jon Brion
Duração: 108 min
Género: Drama, Romance, Ficção científica

Referências:
Freud, S. (2006). Inibição, sintoma e angústia (4.ª ed.). Relógio D'Água.
Kübler-Ross, E. (2016). Sobre a morte e o morrer (5.ª ed.). Palas Editores.
Rogers, C. R. (2001). Tornar-se pessoa (4.ª ed.). Edições Moraes.

O Nome Da Rosa

Entre os filmes que repousam na minha coleção, O Nome da Rosa é um dos que mais se entranha pelo silêncio que deixa após o seu fim. Adquiri-o por curiosidade — um policial medieval baseado num livro espetacular, disseram-me — mas logo percebi que era mais do que um enigma entre livros. É uma meditação sombria sobre o poder, o conhecimento e a perseguição da liberdade interior num mundo onde pensar é perigoso.

A abadia isolada onde decorre a ação não é apenas um cenário gótico: é um microcosmo opressor, onde o saber é temido e onde o riso — essa forma de subversão — é encarado como pecado. A investigação de Guilherme de Baskerville (Sean Connery), frade franciscano com espírito crítico e mente racional, é uma tentativa de resistir à loucura dogmática de um sistema que, para proteger a sua verdade absoluta, não hesita em silenciar vozes e queimar livros. Esta tensão entre fé e razão é o fio condutor de todo o filme, e ressoa profundamente na psicologia do dogmatismo e da dissociação cognitiva.

A personagem de Guilherme é marcada por um espírito investigativo que remete para a tradição iluminista, mas que aqui é anacrónica — e, por isso, perigosa. À luz da psicopatologia simbólica, o cenário em que se move é uma representação clara da repressão institucionalizada. O psiquiatra Pio Abreu (2006) descreve como um sistema de crenças pode tornar-se uma estrutura defensiva rígida contra a angústia da incerteza — e, neste caso, o saber proibido é um abismo emocional que o mosteiro não sabe enfrentar.

A abadia é um organismo fechado, quase paranoico, onde o medo da heresia desencadeia respostas persecutórias. Os assassinatos que ocorrem entre os monges revelam uma estrutura psicótica do poder, onde a verdade é aquilo que o sistema tolera — e tudo o resto é considerado loucura. A análise da American Psychiatric Association no DSM-5-TR (2023) permite-nos ler essa rigidez extrema como uma "perturbação paranoide" da organização institucional — com projeções persecutórias e dissociação entre discurso e afeto.

A figura de Jorge, o velho monge cego, representa esse núcleo paranoico do sistema: recusa o riso porque o riso liberta. Recusa o saber porque o saber relativiza. Como descrevem Pedinielli & Bernoussi (2006), os estados depressivos e persecutórios partilham uma recusa profunda da alteridade — um fechamento narcísico que se protege da dúvida, da diferença, da liberdade. A biblioteca labiríntica onde os livros estão selados é, metaforicamente, o inconsciente dessa instituição: reprimido, interdito, mas cheio de vida simbólica por desvendar.

A banda sonora, composta por James Horner, acompanha com um tom grave e discreto a tensão latente da narrativa. As cordas profundas e os cantos monásticos não tentam ilustrar a emoção, mas antes amplificam o silêncio carregado de suspeita e opressão. É uma música que sussurra, que vigia, que pesa — como o próprio ambiente da abadia.

A progressiva destruição do scriptorium e da biblioteca, consumidos pelo fogo, tem um simbolismo devastador: é a destruição do inconsciente coletivo reprimido, o colapso da estrutura que sustentava uma verdade artificial. O jovem Adso, aprendiz de Guilherme, sai transformado: não apenas pela perda do primeiro amor, mas pela consciência de que a verdade é sempre fragmentada, sempre perigosa.

Este colapso da certeza revela-se também no campo clínico. João Carlos Melo (2017) salienta como o inconsciente está fortemente enraizado na biologia do cérebro, e como a repressão simbólica pode gerar sintomas somáticos ou distorções preceptivas profundas. A abadia torna-se, assim, uma metáfora do sujeito que se desorganiza para proteger a sua identidade — mesmo que à custa da própria sanidade.

O filme termina com Adso a envelhecer e a relembrar aquela semana como um tempo de revelações e perdas. E ficamos com a sensação de que o saber, quando proibido, se torna ainda mais necessário. Talvez seja por isso que O Nome da Rosa continua a sussurrar da prateleira: como um eco persistente da liberdade interior que todos, em algum momento, somos chamados a defender.

Ficha Técnica:
Título original: The Name of the Rose
Ano: 1986
Realizador: Jean-Jacques Annaud
Principais atores: Sean Connery, Christian Slater, F. Murray Abraham
Compositor da banda sonora: James Horner
Género: Thriller histórico, drama psicológico
Duração: 130 min

Referências:
Abreu, J. L. P. (2006). O Modelo do Psicodrama Moreniano. Lisboa: Climepsi Editores.
APA – American Psychiatric Association (2023). DSM-5-TR – Manual de Diagnóstico e Estatística das Perturbações Mentais (Texto Revisto). Lisboa: Climepsi Editores.
Melo, J. C. (2017). O Inconsciente Está no Cérebro. Lisboa: Climepsi Editores.
Pedinielli, J.-L., & Bernoussi, A. (2006). Os Estados Depressivos. Lisboa: Climepsi Editores.

Uma História Simples

Entre os discos que repousam nas minhas prateleiras, há um que carrego com especial ternura. Não pela força dramática nem pela complexidade narrativa, mas por algo mais subtil: Uma História Simples parece repousar na alma. Adquiri o DVD há anos, sem saber que, ali, David Lynch — mestre do absurdo e do onírico — nos ofereceria o seu filme mais real. Um filme que, por isso mesmo, parece tocar mais fundo.

Alvin Straight (Richard Farnsworth), já idoso, recebe a notícia de que o irmão, com quem não fala há anos, sofreu um AVC. Sem carta de condução e com saúde fragilizada, Alvin decide atravessar centenas de quilómetros num cortador de relva para o reencontrar. Não há metáforas escondidas nem reviravoltas. Só a marcha lenta de um homem que decide fazer as pazes com o passado — e consigo próprio.

A narrativa é aparentemente simples, mas contém camadas emocionais de enorme profundidade. A viagem de Alvin é também uma jornada identitária, uma travessia de reconciliação. Como propõe O Bailado da Alma de José Luís Pio Abreu (2014), é muitas vezes no fim da vida que se adensa a necessidade de harmonizar os fragmentos do eu, de construir uma coerência interna entre o que se foi, o que se é e o que se deixa como legado. Alvin não procura redenção perante os outros, mas perante si mesmo. A estrada é o cenário de um bailado silencioso entre mágoa e aceitação.

As relações familiares são aqui centrais. A separação de décadas entre os dois irmãos não é contada em palavras, mas pressentida nos silêncios, nos gestos, na lentidão do tempo que agora corre contra ambos. O livro Semelhanças e Diferenças entre Irmãos de Otilia Monteiro Fernandes oferece pistas sobre estas dinâmicas: os laços fraternos são muitas vezes marcados por rivalidade, mas também por vínculos profundos que resistem ao tempo e ao ressentimento. Alvin e o irmão não precisam de falar muito: a viagem é a linguagem da reconciliação.

Ao longo do percurso, Alvin cruza-se com outras figuras — uma rapariga grávida em fuga, um ciclista de meia-idade, um homem solitário. Esses encontros funcionam como espelhos do seu próprio percurso familiar e existencial. A Terapia dos Sistemas Familiares, de Elsa Jones, ajuda-nos a ler esta teia relacional como expressão de um sistema alargado, onde cada história ecoa outras e onde o sujeito se define sempre em relação aos outros. Alvin, nesse sentido, não viaja sozinho: carrega consigo toda uma rede invisível de afectos, mágoas e memórias.

A banda sonora, composta por Angelo Badalamenti, é um sopro calmo e nostálgico, como se a música acompanhasse o próprio ritmo do coração envelhecido de Alvin. As notas suaves e repetitivas não impõem uma emoção — permitem-na. É uma música que escuta a paisagem, a lentidão do tempo, e a subtileza da transformação interior. O silêncio entre os sons diz tanto quanto os diálogos contidos do filme.

No fundo, Uma História Simples é uma meditação sobre a reconciliação tardia — não apenas com os outros, mas com o próprio passado. Alvin não procura corrigir a história: procura reintegrá-la. É esta travessia emocional, discreta e digna, que confere ao filme a sua densidade ética e poética. Numa época marcada pela pressa e pela fragmentação, a lentidão obstinada de Alvin emerge como gesto de resistência — e de amor.

Ficha Técnica:
Título original: The Straight Story
Ano: 1999
Realizador: David Lynch
Principais atores: Richard Farnsworth, Sissy Spacek, Harry Dean Stanton
Compositor da banda sonora: Angelo Badalamenti
Género: Drama psicológico, road movie existencial
Duração: 112 min

Referências:
Abreu, J. L. P. (2014). O Bailado da Alma. Lisboa: Dom Quixote.
Fernandes, O. M. (2001). Semelhanças e Diferenças entre Irmãos. Lisboa: Climepsi Editores.
Jones, E. (2000). Terapia dos Sistemas Familiares. Lisboa: Climepsi Editores.

Voando Sobre Um Ninho De Cucos

Este filme é um dos pilares da minha coleção, não apenas pelo seu peso histórico, mas pela densidade emocional e simbólica que carrega. Uma obra essencial que, à luz da psicologia humanista, revela tanto sobre o sofrimento humano quanto sobre a possibilidade de resistência através da autenticidade. Voando Sobre Um Ninho de Cucos é menos sobre doença mental e mais sobre o que fazemos aos que não encaixam.

Randle P. McMurphy, interpretado de forma icónica por Jack Nicholson, é o arquétipo do espírito livre que entra num sistema que o quer domado. Ele desafia não só as regras da instituição, mas a lógica desumanizante de um modelo psiquiátrico centrado na repressão, na medicalização forçada e no controlo comportamental. Esta estrutura coerciva recorda as críticas de Michel Foucault à institucionalização da loucura como forma de normatização social e disciplinar (Foucault, 2007).

A personagem da enfermeira Ratched, interpretada por Louise Fletcher, representa a institucionalização fria, desprovida de escuta ou empatia. É a antítese de qualquer postura rogeriana: em vez de aceitação incondicional, oferece julgamento; em vez de empatia, manipulação; em vez de autenticidade, uma fachada de eficiência mecânica. Carl Rogers afirmava que só num clima de consideração positiva e compreensão empática é possível uma mudança significativa na pessoa (Rogers, 2001) — exatamente o que está ausente naquele hospital.

Neste ambiente opressivo, o filme levanta questões sobre quem realmente está doente — os pacientes ou o sistema? A psicologia humanista, com Rogers como referência central, fala da tendência autorrealizadora, da importância do ambiente facilitador e do respeito pela subjetividade. Nada disso está presente naquele hospital, e é essa ausência que mata lentamente.

A relação de McMurphy com os outros pacientes é um raio de humanidade. Ele vê-os como pessoas, não como diagnósticos. Incentiva a expressão, a rutura com o conformismo, a autovalorização. Em particular, a cena da pescaria é um exemplo claro de empoderamento — uma experiência de agência num mar de impotência. Este tipo de vivência conecta-se com o conceito de experiência ótima de

Maslow (1999), em que a autenticidade e a aceitação do self permitem momentos de expansão pessoal.

A banda sonora de Jack Nitzsche é discreta mas eficaz. A sua função não é embalar emoções, mas realçar a tensão silenciosa que cresce até ao clímax. No final, a libertação não é a de McMurphy, mas a do Chefe — o único que ousa quebrar o ciclo. Uma libertação que não vem da cura, mas da recusa em continuar prisioneiro. A insanidade, afinal, pode ser a lucidez em disfarce, quando o mundo à volta é o verdadeiro delírio.

Ficha Técnica:
Título original: One Flew Over the Cuckoo's Nest
Ano: 1975
Realizador: Miloš Forman
Principais atores: Jack Nicholson, Louise Fletcher, Will Sampson, Danny DeVito
Compositor: Jack Nitzsche
Duração: 133 min
Género: Drama psicológico

Referências:
Foucault, M. (2007). História da loucura na idade clássica (8.ª ed.). Edições 70.
Maslow, A. H. (1999). Motivação e personalidade (2.ª ed.). Edições Moraes.
Rogers, C. R. (2001). Tornar-se pessoa (4.ª ed.). Edições Moraes.

Considerações Finais

Entre os muitos rostos e histórias que atravesso no meu trabalho como psicólogo, aprendi que há dores que não se explicam — apenas se escutam. No cinema, há imagens que não se esquecem — apenas se transformam.

Este livro nasce dessa escuta profundamente humana, e de uma atenção que se foi moldando não só nos encontros, mas também nos momentos em frente a um ecrã.

Cada análise aqui escrita não é apenas sobre cinema. É sobre pessoas. Sobre o medo, o amor, a perda e a reconstrução. É um percurso feito de subjetividades, marcado por simbolismos, e atravessado pelas narrativas que habitam tanto a ficção como a vida real.

Não há aqui a pretensão de ensinar ou interpretar verdades absolutas. Apenas o desejo de partilhar um olhar — e talvez, com isso, abrir espaço para que outros olhares também se revejam, se espantem ou se reconheçam.

Porque, no fundo, cuidar também é isto: criar lugares onde o silêncio possa ter sentido, e onde a beleza — mesmo que ferida — encontre morada.

"O essencial nem sempre se vê,

mas sente-se entre imagens."

www.ingramcontent.com/pod-product-compliance
Lightning Source LLC
LaVergne TN
LVHW090231051026
849517LV00001B/263
* 9 7 8 9 4 0 3 8 3 7 2 0 8 *